GUIARAMA COMPACT

AF277713

Soria

por **Pepo Paz Saz**

ANAYA TOURING

Autor: **Pepo Paz Saz**

Responsable de proyecto: **Esther García González**
Actualización de esta edición: **Pepo Paz Saz**
Edición: **Isabel Jiménez.**
Equipo técnico: **David Lozano, Susana Folgado**
Cartografía: **ANAYA Touring.**
Diseño de colección: *marivíes*

Fotografías: 123RF: alcarrera: cabecera 10 indispensables;
fotosub: 35 b; **karsol**: 8-9, 12, 99; **lsolmar**: 49, 52-53; **ivanma-**
teev: 112 c; **quintanilla**: 88, 89; **sylviepm**: 112 d; **tolobalaguer**:
20 a, 35 d, 54; **tookar**: 84-85; **tycoon751**: 112 b. **Anaya**: Archivo Anaya: 84; **Pozo, M.**: 19. **Dreamstime**: Absente: 10 b,
11, 41 a, 55; **Alcaproac**: 41 b, 50, 68; **Álvarez, J.**: 6-7; **Atencia**
Gutierrez, R.: 110-111; **Blas, X.**: 69; **Bueno Lumbreras, Á.**: 42-
43; **Bsanchezsobrino**: 102, 104 a y b; **Dudlajzov**: 2, 47 b, 60;
Heras, I. Las: 17; **Herraez, D.**: 80; **Jarcosa**: 79 b; **Laguillo, R.**: 78;
Millan Gutierrez, J.J.: 44, 97 b; **Milosk50**: 38 a, 48, 83; **Ondaca-**
racola: 72; **Rojano C., F.**: 108; **Rostislav_sedlacek**: cabecera
Dónde; **Soler Martinez, C.**: 10 a, 56-57, 71, 76, 79 a, 100-101;
Viani, L.: 26-27, 47 a; **Yeves Gil, S.**: 95, 97 a. **Paz Saz, Pepo**:
14-15, 15, 21 a, 30 b, 35 a, 36, 51 a y b, 62, 63, 66, 67, 73, 91 a
y b, 103, 105 a y b. **Shutterstock**: Amo Rosell, A. del: 38 b;
BearFotos: 24; **Deporteenruta**: 21 b; **Estevez, N.**: 81; **fotosub**:
35 c; **GaiBru Photo**: 23; **Laguna, J.R.**: 75; **LianeM**: 94; **Limon,**
A.: 20 b; **LucVi**: 28; **Iuri**: 112 a; **milosk50**: 38 a, 45; **mimohe**: 30
a; **Moran 100x100 Toros, N.**: 77 a; **Munoz, J.C.**: 25, cabecera
Excursiones; **patooou pato**: 112 e; **Pedrosa, R.**: 15; **Philippe**
1 bo: 13; **roberaten**: cabecera Visita; **Semik, R.**: 92-93; **tokar**:
106; **Tomas, A. de**: 86-87; **Topillo**: 64, 109; **Vera, B.**: 77 b; **www.**
argazki.es: 65.

4ª edición: marzo 2024

© Grupo Anaya, S. A., 2024
    Valentín Beato, 21.
    28037 Madrid

Depósito legal:M-35338-2023
ISBN: 978-84-9158-734-7
Impreso en España-Printed in Spain

PAPEL DE FIBRA
CERTIFICADO

La información contenida en esta guía ha sido comprobada antes de su publicación. Pero dado el carácter variable de algunos
datos, como horarios de visita o precios, los editores declinan
toda responsabilidad por las molestias que pudieran ocasionar
a los usuarios de la guía y agradecen de antemano las sugerencias y aportaciones que ayuden a mejorarla.
En **guiasdeviajeanaya.es**, la página web de Anaya Touring, se
puede consultar nuestro catálogo de publicaciones.

Contenido

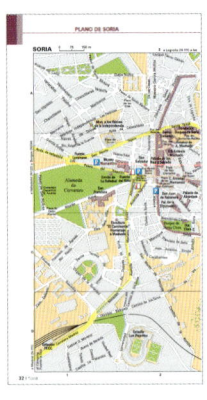

Cómo usar esta guía

Antes del viaje

Se sugiere la lectura de la sección **Diez indispensables** (de la página 7 a la 25), con artículos sobre la historia, el arte, la naturaleza, y las gentes de Soria, donde se condensan y destacan aquellos lugares y experiencias que es imprescindible conocer. Para quienes opinan que la **gastronomía** es uno de los atractivos del viaje, la sección del mismo nombre (de la página 112 a la 114) ofrece una visión condensada de aquellas especialidades sorianas que pueden despertar la curiosidad del viajero.

Durante el viaje

En el apartado titulado **Visita a la ciudad de Soria** (de la página 27 a la 55) se describe la ciudad a través de dos itinerarios, proporcionando una información detallada de los lugares de mayor interés. El **plano de Soria** (páginas 32-33) será de gran utilidad para realizar estos desplazamientos por la ciudad.

Bajo el epígrafe **Excursiones por la provincia de Soria** (de la página 57 a la 109) se proponen una serie de **rutas** por las principales localidades y parajes naturales de la provincia, que tienen un singular valor histórico, paisajístico o monumental. Utilice el **mapa de carreteras** (pág. 58-59) para planificar sus desplazamientos.

La hora de comer (y cenar)

Dentro del capítulo titulado **Dónde** se incluye una selección de **restaurantes** por localidades, calidades y precios.

En esta misma sección se facilita también información sobre un buen número de **actividades** con las que ocupar el tiempo libre que van desde las **fiestas** locales, a otras como **compras, turismo activo y de naturaleza**...

Use los índices

El **índice de lugares** permite localizar con facilidad las páginas en las que hay alguna información de utilidad sobre los lugares mencionados en esta guía.

Planificación del viaje

En función del tiempo del que se disponga, puede conseguirse el máximo provecho a la estancia siguiendo las sugerencias siguientes:

Una semana. Visite la ciudad de Soria siguiendo los itinerarios urbanos que se proponen en esta guía. Elija, de entre las rutas por la provincia, las que le resulten más atractivas. Para comer, siga los consejos de las secciones **Gastronomía** y **Restaurantes.** Para cualquier otra actividad en la que ocupar sus momentos libres puede consultar el apartado **Dónde...**

Fin de semana. Una vez realizada la visita completa a la capital, si no dispone de demasiado tiempo, recorra las localidades más próximas a su residencia temporal, especialmente las reseñadas con una o dos estrellas. El **mapa** que se reproduce en las páginas 58-59 le será de gran utilidad.

Unas horas. Si está de paso en Soria y dispone solo de unas horas, visite los lugares destacados con dos estrellas. Puede comer o cenar en alguno de los restaurantes indicados entre las páginas 114-115.

Clasificación por estrellas

La mayoría de los lugares descritos en el libro se han clasificado por su grado de interés como sigue:

| ** | Visita obligada |
| * | Interesante |

SÍMBOLOS UTILIZADOS

A lo largo de la guía se han utilizado símbolos sencillos y claros para indicar las siguientes categorías:

- 🏛 información turística
- ⭘ referencia a los planos
- ✉ dirección o localización
- 📷 número de teléfono
- 🌐 página web
- 🕐 horario
- 💰 precio

SIGNOS CONVENCIONALES EN LOS PLANOS

▩ Edificios de interés turístico	▨ Vías rápidas
▩ Parques y jardines	▨ Calles peatonales
🅘 Información turística	🅟 Aparcamientos

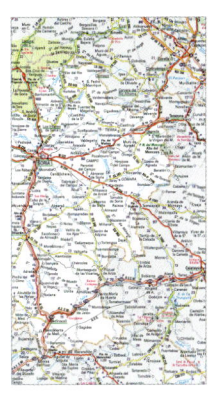

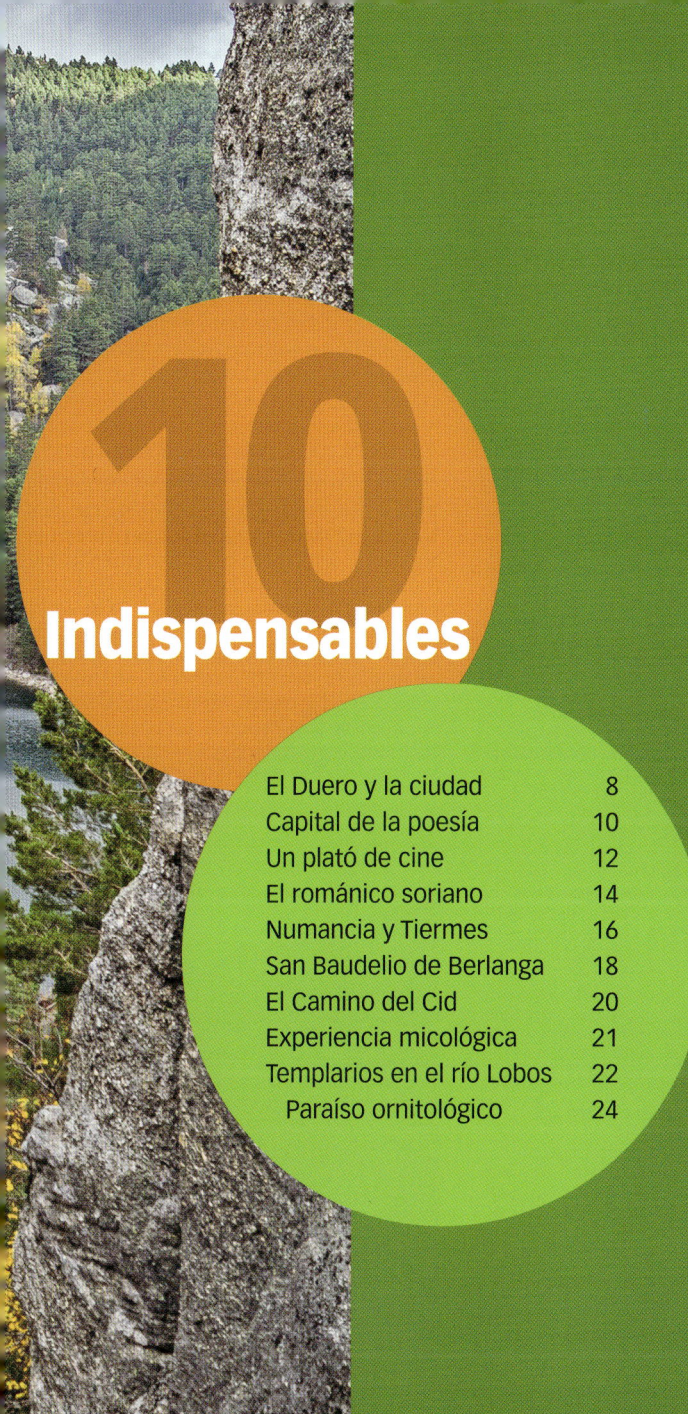

10

Indispensables

El Duero y la ciudad

1

Los destinos de la capital y del río con mayor caudal de la Península ibérica están unidos no solo en lo orográfico: cantado por poetas y narradores, el Duero forma parte de las señas de identidad de Soria y constituye, a su vez, uno de los epígrafes más importantes de cualquier visita a la ciudad. Desde el claustro románico de San Juan de Duero al viejo puente de piedra y la iconografía religiosa capitalina, con la cueva y morada del santo patrón, San Saturio, aupada sobre las turbias aguas.

Decir Duero es decir Soria. Podríamos convenir que los 73 km que el cauce de este río nacido en la vertiente meridional de los Picos de Urbión recorre por territorio soriano son los más loados por poetas y escritores nacionales. Ese ir y venir de las aguas de oeste a este y, de nuevo, de este a oeste, parece circunscribirse a su paso por la misma capital. En palabras de Dionisio Ridruejo: "Viene el Duero hacia Soria corriendo de oeste a este con ligera deriva hacia el sur, pero en Garray tuerce su rumbo y se curva por Soria hasta completar el ángulo recto, lo que volverá a hacer al encontrarse con la barrera que le oponen

Info

Centro de Recepción de Visitantes El Fielato
Centro de Interpretación de la Historia de Soria y el Duero
- ✉ Nuestra Señora del Puente, s/n.
- ☎ 975 211 492.
- 🌐 www.turismosoria.es
- 🕐 Mayo, junio, de mediados de septiembre a 1 de noviembre: viernes de 16 h a 19 h; sábado de 10 h a 14 h y de 16 h a 19 h; domingos de 10 h a 14 h. Semana Santa y de julio a mediados de septiembre: de martes a domingo de 10 h a 14 h y de 16 h a 20 h; lunes, cerrado.

Claustro de San Juan de Duero
- ✉ Pº de las Ánimas, s/n.
- ☎ 975 230 218.
- 🕐 Del 1 de octubre al 30 de junio: de 10 h a 14 h y de 16 h a 19 h. Del 1 de julio al 30 de septiembre: de 10 h a 14 h y de 16 h a 20 h; domingos y festivos, de 10 h a 14 h (todo el año); lunes cerrado.
- 💶 1 €. Gratis sábados, domingos y festivos.

los bordes de la cuenca del Jalón hasta invertir el rumbo, que es decididamente de este a oeste al tocar Almazán. Pero la impresión es de que toda esa vuelta se produce ya en Soria; tan ceñido es el abrazo que da a sus roquedales grises antes de verdecerle la ribera de álamos y alejarse entre peñas".

La misma N 234 salva el río por el vetusto puente de piedra, originario del siglo xII, y deja a un lado el Centro de Recepción de Visitantes municipal, los restos del antiguo monasterio de San Juan de Duero, construido también en el siglo xII por los caballeros de la Orden de los Hospitalarios de San Juan de Jerusalén. Su iglesia de factura románica y, sobre todo, las arquerías cruzadas y entrelazadas de su desnudo claustro conforman un conjunto monumental indispensable. Entre El Fielato y el cenobio hay una escultura homenaje a Bécquer y se ha recreado un cementerio templario. Más al sur quedan las ermitas de San Polo y San Saturio, en la orilla por la que caminaron el propio escritor romántico, Gerardo Diego o el maestro Machado. Frente al templo barroco donde se veneran las reliquias del patrono de la ciudad hay una pasarela que sobrevuela el Duero y conduce al Ecocentro y al Museo del Agua por una de las sendas recuperadas para el disfrute de locales y foráneos de las márgenes del río: la de los pescadores.

Info

Ermita de San Saturio
☎ 975 180 703.
🕐 De enero a marzo y de noviembre a diciembre: de 10 h a 14 h y tardes de viernes y sábado de 16.30 h a 18.30 h. De abril a junio y de septiembre a octubre: de 10 h a 14 h y de 16.30 h a 19.30 h.
Julio y agosto: de 10 h a 14 h y de 16.30 h a 19.30 h. Domingos, todo el año, de 10 h a 14 h. Lunes cerrado.
🎟 Entrada gratuita.

▼ Ermita de San Saturio, a orillas del Duero.

Capital de la poesía

2

No hay ciudad española más vinculada a la poesía que la capital soriana: Gustavo Adolfo Bécquer y Antonio Machado, casados con dos sorianas, y Gerardo Diego, docente en la ciudad, dieron vuelo a un territorio loado por los versos de Dionisio Ridruejo y José García Nieto, entre otros muchos poetas.

Info

Casa de los Poetas
- ✉ Círculo Amistad Numancia. El Collado, 23.
- ☎ 975 211 164.
- 🖥 www.casadelospoetas desoria.com
- 🕐 Se visita en horario de apertura del Casino, según la temporada. En verano, de 10 h a 14 h y de 17 h a 20 h.
- 🎫 2 € (audioguía: 1 €).

▲ Esculturas de Antonio
▼ Machado y de Gerardo Diego en Soria.

Cada año, a principios del mes de agosto, la alameda de Cervantes bulle a todas horas con el tránsito de paseantes. Muchos de ellos son sorianos de origen y adopción que regresan por unos días a su tierra familiar desde las ciudades y regiones españolas adonde emigraron hace décadas en busca de trabajo y que se encuentran, entre sus veredas arboladas, las casetas de la única feria del libro de poesía que se celebra en España: Expoesía. Durante cinco noches el patio y las aulas del instituto donde impartiera clases de francés don Antonio Machado escuchan rebotar en sus muros los ecos de los versos que recitan mujeres y hombres, poetas, invitados desde todos los rincones del país para renovar el compromiso con la poesía de Soria. El evento cultural es uno de los más importantes de los que se celebran a lo largo del año en la ciudad.

El turista puede visitar, durante el resto del año, los lugares machadianos de la capital: del instituto a la vera del Duero, entre San Polo y San Saturio, o acercarse hasta la tumba y capilla de Leonor, la joven y llorada esposa del poeta sevillano; puede, también, hacerse un *selfi* junto a la escultura de Gerardo Diego plantada en la fachada del Casino Amistad Numancia, en la céntrica calle del Collado. Contemplar el hoy detenido reloj de la Audiencia, en la Plaza Mayor, entre terrazas y gentes que van y vienen, con calma dominical o con la esquiva prisa que marca el frío invierno de estas tierras. En noviembre, y por la festividad de Todos los Santos, regresa a Soria también el espíritu de otro sevillano, el romántico Gustavo Adolfo Bécquer, con la representación pública de la leyenda de *El Monte de las Ánimas*.

El paso por Soria de estos tres poetas y escritores, Machado, Diego y Bécquer, está documentado y recreado en el Museo Casa de los Poetas, abierto al público en la tercera planta del Casino Amistad Numancia por la Concejalía de Cultura del Ayuntamiento de la ciudad. En el vestíbulo del Casino dos placas enmarcan los versos de Gerardo Diego, *Esta Soria arbitraria*, y Antonio Machado, *Adiós*; luego, un ascensor de acceso exclusivo al museo conduce al visitante, sucesivamente, ante los universos poéticos de los tres poetas principales. Un viaje con parada especial en el mundo machadiano y que no olvida, sin embargo, a los otros muchos poetas que han loado la desnudez y austeridad del paisaje soriano: desde los nacidos en esta tierra como Dionisio Ridruejo, María Ángeles Maeso, Juan Antonio Gaya Nuño, Fermín Herrero, Silvano Andrés de la Morena, Avelino Hernández, Concha de Marco, Julio Herrero Ulecia, Dámaso Santos Amestoy o Susana Gómez Redondo, entre otros, y los bilbaínos Miguel de Unamuno y Ángela Figuera (poeta que en los años de posguerra escribió durante sus estancias en Hortezuela el poemario *Soria pura*), el leonés Julio Llamazares o el ovetense José García Nieto (Premio Cervantes en 1996).

▼ Al olmo viejo, hendido por el rayo / en su mitad podrido, / con las lluvias de abril y el sol de mayo / algunas hojas verdes le han salido.
[...]
Mi corazón espera / también, hacia la luz y hacia la vida, / otro milagro de la primavera.

ANTONIO MACHADO

Un plató de cine

3

Soria ha servido, desde los albores del cine en España, como plató de rodaje para un buen puñado de películas. Por estas tierras han pasado directores internacionales de la talla de Orson Welles y David Lean, cineastas nacionales como José Luis Cuerda y Javier Fresser y debutantes laureadas como Mercedes Álvarez. La capital cuenta además con un Certamen Internacional de Cortos que en 2024 celebra su XXVI edición y Soria se hizo serie a través de Mediaset (con *El pueblo*) o Netflix *(El Cid)*.

Info

Certamen Internacional de Cortos Ciudad de Soria
- www.certamendecortos soria.org

Soria en el cine
- https://totaljoseluiscuerda. wordpress.com

«Cuando éramos niños jugábamos en esta cantera y aún no sabíamos nada», son estas palabras de una anciana habitante de Bretún las que le sirven a Mercedes Álvarez para iniciar el relato en primera persona de su celebrada ópera prima, la película documental *El cielo gira*, rodada en 2005 en el pueblo de Aldeaseñor, a 24 km de la

capital, en la comarca de las Tierras Altas. La vida, el tiempo y la memoria discurren ante los ojos del espectador retratando la rigurosidad de un paisaje desde la loma donde comenzaba el resto del mundo a los ojos de la última niña nacida en el pueblo. Es la instantánea de un mundo que se extingue: actualmente los niños y niñas que con doce años comienzan la ESO en esta comarca tienen que cursar estudios en régimen de internado en la capital. Es la misma comarca soriana en la que en 1984 José Luis Cuerda rodara para Televisión Española *Total,* la primera comedia de la surrealista saga que completan las conocidas *Así en el cielo como en la tierra* y *Amanece que no es poco.* Desde hace años se reivindica la creación de una ruta para cinéfilos entre Oncala, San Pedro Manrique y Yanguas con localizaciones de los lugares donde se rodaron algunas de sus escenas.

En 2019 se oficializó la creación de la *Soria Film Commission* a fin de dar a conocer las posibilidades audiovisuales de la provincia como plató de rodaje de largometrajes, series televisivas, anuncios publicitarios, cortometrajes, etc. Todo para promover una creciente industria cinematográfica local que favorezca el desarrollo económico de una provincia que ya sirvió de escenario natural en los tiempos del cine mudo: *Para toda una vida,* cinta rodada por Benito Perojo en 1923.

La Tierra de Pinares, el Campo de Gómara o la desahuciada línea férrea Santander-Castejón, entre otros, son algunos de los espacios en los que grabaron escenas de *Doctor Zhivago* (5 Oscars y 5 Globos de Oro), protagonizada por Omar Sharif, Julie Christie y Geraldine Chaplin en el invierno de 1964-

65. Casi simultáneamente, el mítico Orson Welles se encontraba rodando en las calles de la capital y de Calatañazor algunas escenas de *Campanadas a medianoche,* con Jeanne Moreau y Fernando Rey. Espartaco Santoni y Frankie Avalon también habían desfilado en 1963 por tierras sorianas en el rodaje de *El valle de las espadas,* una epopeya de la vida del primer conde independiente de Castilla dirigida por Javier Setó. Más recientemente, Eduardo Chapero-Jackson indagó en el alma de Soria en su documental *Los mundos sutiles* (2012). Un auténtico plató de rodaje.

◄▲ Pueblos sorianos como Calatañazor (en la página anterior) o Yanguas (sobre estas líneas) han servido de localizaciones en varias películas.

El románico soriano.
Los ojos del Medievo

4

El arte románico encuentra en la Extremadura castellana uno de los museos al aire libre con mayor densidad de patrimonio monumental. El centro y la zona occidental de la provincia de Soria, acodado en la curva de ballesta que marca el Duero desde su paso por la capital, concentra las mejores muestras de este arte rural y popular.

Info

Parque Temático del Románico de Castilla y León
- ✉ Ctra. Molino de los Ojos, km 2,5..
  San Esteban de Gormaz.
- ☎ 975 350 292.
- 🖰 www.sanestebandegormaz.org

Concatedral de San Pedro
- ✉ Plaza de San Pedro, s/n.
- ☎ 975 225 891.
- 🖰 www.turismosoria.es
- ⏰ Julio y agosto, de martes a sábado, de 11 h a 13.30 h y de 18 h 20 h; domingo de 11 h a 13.30 h. Resto del año consultar.
- 🎟 2 €.

Iglesia de Santo Domingo
- ✉ Plaza Condes de Lérida, 2.
- ☎ 975 211 239.
- ⏰ De lunes a domingo, de 8 h a 21 h.
- 🎟 Entrada gratuita.

Iglesia de San Juan de Rabanera
- ✉ Caballeros, 20.
- ☎ 975 211 239.
- ⏰ De martes a domingo, de 11 h a 13.30 h y de 17 h a 20 h (julio y agosto). Resto del año consultar.
- 🎟 Entrada gratuita.

Durante la Alta Edad Media la divisoria natural entre cristianos y musulmanes se estableció a lo largo de las márgenes del río Duero. Al sur, la Frontera Media de los musulmanes; al otro lado, la llamada Extremadura cristiana. Plazas fuertes, con topónimos que aún muestran los restos de fortalezas otrora inexpugnables, jalonan la ribera del Duero allá donde alcanza la vista. Medinaceli, Gormaz, Osma o San Esteban, erigido en la misma orilla, eran las cancelas de acceso a uno y otro universo. Caballeros, soldados y caudillos emprendían desde estos puntos una singular ruta que habla de batallas, entrevistas, alianzas y traiciones. Aquí se fue escribiendo la historia de dos centurias frenéticas hasta la unión de Aragón y Castilla por los Reyes Católicos, en el siglo XV. Y aquí se construyeron las mejores muestras de un románico rural de galerías porticadas orientadas

al sur y al oeste en las que se reunían los vecinos convocados por el Concejo, uno de los elementos propios y característicos de la repoblación castellana. La más antigua de estas iglesias y ermitas, aupada sobre el verdeante cauce del Duero, es la de San Miguel, en San Esteban de Gormaz. En uno de los canecillos adosado a la galería se observa la figura de un monje con un libro abierto y una fecha que data su construcción: finales del siglo XI. Junto al río, en el antiguo Molino de los Ojos, abre sus puertas el Parque Temático del Románico de Castilla y León, un espacio con reproducciones a escala de los principales edificios románicos en la región.

El recorrido por el románico soriano es de esta forma una sucesión de saltos a un lado y otro del cauce del Duero, empezando por la misma ciudad de Soria donde el viajero encuentra algunos de los conjuntos más loados de este ingente patrimonio artístico: la monumental portada de Santo Domingo, el claustro, la sala capitular, la portada y el museo de la concatedral de San Pedro, las ruinas del monasterio de San Juan de Duero, con el nostálgico armazón de su primitivo claustro y los dos baldaquinados del interior del templo original y la solemnidad de la iglesia de San Juan de Rabanera, con su espectacular cimborrio. Un viaje que tiene algunos de sus hitos principales en templos como el de San Miguel Arcángel, en Caltojar, Santa María del Castillo, en Calatañazor y Nuestra Señora de la Asunción, en Castillejo de Robledo. Un viaje tallado en piedra a los ojos del Medievo.

Info

Ruta urbana por la Soria románica

⊕ 2,5 km aprox.

◉ www.turismosoria.es

▭ Folleto en la web y app #eligeSoria

▼ Detalles de la **portada de la iglesia de Santo Domingo de Soria.**

Numancia y Tiermes.
Esencia celtíbera

5

Ninguna otra épica ha calado mejor en el imaginario colectivo de los españoles que la representada por el pueblo celtíbero ante la invasión de las legiones romanas. Numancia y Tiermes fueron dos de las ciudades mártires. Y están en Soria.

Info

Museo Numantino
- ✉ Paseo del Espolón, 8.
- ☎ 975 221 397.
- 🖱 www.turismosoria.es
- 🕐 De octubre a junio de 10 h a 14 h y de 16 h a 19 h. De julio a septiembre, de 10 h a 14 h y de 17 h a 20 h. Domingo y festivos de 10 h a 14 h. Lunes cerrado.
- 💶 1 €.

Yacimiento Arqueológico de Numancia
- ✉ Cerro de la Muela, s/n. Garray.
- ☎ 650 709 671.
- 🖱 www.numanciasoria.es
- 🕐 Enero, febrero, noviembre y diciembre, de 10 h a 14 h y de 16 h a 18 h. Marzo, abril, mayo y octubre, de 10 h a 14 h y de 16 h a 19 h. De junio a septiembre, de 10 h a 14 h y de 16 h a 20 h. Domingos y festivos, de 10 h a 14 h (todo el año). Lunes cerrado.
- 💶 6 €.

Basta acercarse a algunos de los yacimientos más significativos de la cultura celtibérica soriana para darse cuenta de cómo ha cambiado la concepción del mundo en los dos últimos milenios. Tiermes, mancillada en su soledad por la línea de generadores eólicos que le han crecido a la sierra de Pela, es un lugar plantado en medio de la meseta norte castellana, lejos de todo. A *Uxama* le salva su proximidad a la ciudad de Osma y la eficacia visual de la red de atalayas musulmanas erigidas sobre la frontera del Duero. Y de Numancia, de la que durante 2017-18 se conmemoró el 2150 aniversario de su derrota, poco que añadir. La romanización acalló la resistencia de las tribus celtíberas y los siglos domesticaron su fama. Se estaba escribiendo el punto y final de una civilización, absorbida por los modos de vida del invasor. De ello da testimonio la iconografía funeraria indígena estudiada en algunos *oppidum* de las Tierras Altas en los últimos años.

Con todo, cualquier inmersión en el mundo celtibérico comienza y termina en el Museo Numantino, situado junto al principal parque de la capital soriana, la alameda de Cervantes: la Dehesa, como se la conoce en Soria. Este pulmón verde cuenta con un jardín botánico –con cerca de 80 especies vegeta-

les– y con la ermita de la Soledad y su impresionante talla atribuida a Juan de Juni. La ermita se alza casi frente a la sede permanente del museo, en el paseo del Espolón. En sus salas, que custodian las piezas que las sucesivas excavaciones arqueológicas han ido sacando a la luz en los yacimientos provinciales desde los tiempos de Blas Taracena hasta la actualidad, se puede conocer al detalle la vida doméstica de los celtíberos que habitaban el territorio centro-oriental de la Península ibérica, su lengua y escritura, la organización social, los rituales funerarios y la férrea resistencia que opusieron durante décadas al avance de las legiones romanas.

El yacimiento de Numancia se encuentra en Garray (a 6 km de la capital), sobre el cerro de La Muela, junto a la confluencia de los ríos Duero y Tera. Aquí quedan vestigios de las Edades del Bronce y del Hierro, además de los restos arévacos –entre los que se levanta parte de la muralla original y una casa reconstruida– y romanos –con otra vivienda de planta cuadrada reconstruida–. La visita al yacimiento, guiada, explica cómo fue el cerco final de Escipión Emiliano en el año 133 a. C., aspecto que también se resalta en el Aula Arqueológica abierta en las antiguas escuelas de Garray.

Situado a unos 27 km de San Esteban de Gormaz y la línea del Duero, el yacimiento rupestre de Tiermes muestra los restos arqueológicos de la que fuera la segunda gran resistente celtibérica al dominio de los ejércitos romanos. Además de recorrer a pie los principales vestigios de esta ciudad celtíbero-romana (muralla, acueducto, foro y *castellum aquae*), la ermita románica y la necrópolis rupestre, se puede visitar el Museo Monográfico de Tiermes y luego acercarse al desconocido bosque de encinas centenarias de la vecina localidad de Valderromán.

▲ Yacimiento de Tiermes.
◄ Reconstrucción de una casa celtíbera del yacimiento arqueológico de Numancia.

Info

Aula Arqueológica El Cerco de Numancia
✉ Ctra. N 111, s/n. Garray.
☎ 975 180 712.
🕐 De Semana Santa a junio y de octubre al Puente de la Constitución, viernes de 16 h a 19.30 h, sábado y festivos de 10 h a 14 h y de 16 h a 19.30 h, domingo de 10 h a 14 h. Julio, agosto y septiembre, de miércoles a domingo, de 10 h a 14 h y de 16 h a 10.30 h. Resto del año, cerrado.
💶 Entrada gratuita.

Yacimiento Arqueológico de Tiermes
✉ Montejo de Tiermes.
☎ 639 185 905/975 186 156.
🌐 www.museodetiermes.es
🕐 De octubre a junio, de martes a sábado, de 10 h a 14 h y de 16 h a 18 h. De julio a septiembre, de 10 h a 14 h y de 16 h a 20 h. Domingos y festivos: de 10 h a 14 h (todo el año). Lunes cerrado.
💶 Entrada gratuita.

San Baudelio de Berlanga.
La Capilla Sixtina de Castilla

6

Con permiso de los otros templos del arte mozárabe desperdigados por el norte, la ermita de San Baudelio de Berlanga es una de las cimas de la arquitectura religiosa peninsular.

No hay paisaje más desolado en Soria que este ubicado al sur de Berlanga de Duero. Un territorio inhóspito, yermo y seco, emplazado entre Medinaceli y la línea del Duero, que en los siglos de la repoblación fue ocupado por anacoretas y monjes. Una tierra de nadie, estataria, de vegetación rala y alcores solitarios en la que, allá por el siglo XI, debió de instalarse una pequeña comunidad monacal en el lugar en el que antaño se abriera una cueva para eremitas. Cueva y templo han llegado, en diferente estado de conservación, hasta nuestros días. Pero es tan profundo el aroma de su pretérita belleza que el viajero tiene un desvío obligado en su camino por la comarca de la Tierra de Berlanga para visitar la que fuera sede externa, en el año 2009, de la XVI edición de Las Edades del Hombre, exposición itinerante por el arte religioso castellano-leonés.

Declarada Monumento Histórico Artístico en 1915, la historia de la ermita de San Baudelio de Berlanga en el siglo XX es, con dolor, la del expolio y la ignorancia. Cuenta la crónica que unos vecinos de Casillas de Berlanga vendieron en 1922 los frescos del interior del antiguo cenobio a un coleccionista de arte estadounidense llamado Gabriel Dereppe con la intermediación de un anticuario italiano afincado en Barcelona: León Leví. Aquellos vecinos de Casillas malvendieron el tesoro mozárabe de *sancti Baudili* por 65.000 pesetas de la época con la complacencia cierta del obispo de la diócesis de Sigüenza. Un rocambolesco proceso judicial, en el que llegó a dictar sentencia el mismísimo Tribunal Supremo, no fue capaz de impedir la salida de las pinturas de España rumbo a EE.UU., acabando muchas de ellas en el Metropolitan de Nueva York.

En 1957 el Estado español canjeó una parte de las pinturas, junto con otras procedentes de San Pedro de Arlanza, por la iglesia románica de Fuentidueña (Segovia) que hoy es exhibida en el Museo de los Claustros de la ciudad de los rascacielos. Las pinturas que regresaron a España se muestran ahora en el Museo del Prado mientras que la propiedad del templo recaló, también en la década de 1950 y a través de

Info

Centro de Interpretación de la ermita de San Baudelio
✉ Bajada Dehesa, 4. Berlanga de Duero
☎ 975 343 433.
🌐 www.berlangadeduero.es
ℹ Se accede con un código QR que facilitan en la oficina de turismo.

Ermita de San Baudelio
✉ Casillas de Berlanga.
☎ 975 221 397.
🕐 De octubre a marzo, de miércoles a sábado, de 10 h a 14 h y de 16 h a 18 h. De abril a septiembre, de martes a sábado de 10 h a 14 h y de 16 h a 20 h. Domingos y festivos: de 10 h a 14 h (todo el año).
🎫 Entrada gratuita.

las gestiones de la Fundación Lázaro Galdiano, en el Estado español. Rehabilitado en varias ocasiones desde entonces, a día de hoy el edificio mantiene su estructura originaria formada por dos cuerpos rectangulares fabricados en mampostería que se apoya en sillares. El pequeño forma el ábside y al grande se accede a través de una puerta con arco de herradura: la bóveda de la nave principal está soportada por una columna central con forma de palmera a cuyos pies, y jalonando el acceso a la cueva del eremita, hay un conjunto de pequeñas columnas con arcos de herradura, conocido como la "mezquitilla", sobre el que se sitúa el coro. En sus muros, los restos de una iconografía repleta de bellos motivos.

▲ Interior de San Baudelio de Berlanga.

El camino del Cid

7

El *Cantar de mio Cid*, único texto épico casi completo en lengua castellana, es una moderna guía de viajes que permite recorrer aquellos territorios de la Extremadura castellana por los que marchó al destierro Rodrigo Díaz de Vivar.

Info

Camino del Cid
🌐 www.caminodelcid.org

Camino del Cid en Soria
✉ Diputación Provincial de Soria. Caballeros, 17. Soria.
☎ 975 220 511.
🌐 www.sorianitelaimaginas.com

▼ El Camino del Cid es un itinerario turístico cultural que atraviesa España de noroeste a sureste y sigue las huellas literarias e históricas de Rodrigo Díaz de Vivar.

Ocho provincias y 10 etapas en coche, 12 en bicicleta y 7 a pie componen el conocido desde 2007 como *Camino del Cid*, un itinerario jalonado por las jornadas que Rodrigo Díaz, Cid Campeador, siguió en su destierro hacia Valencia según el cantar épico que los historiadores y lingüistas datan alrededor del año 1200. El consorcio gestor de esta ruta lo integran las diputaciones de las 8 provincias implicadas pero sus orígenes como itinerario cultural se remontan a finales del XIX cuando el mecenas estadounidense A. Milton Huntington, fundador en Nueva York de la Hispanic Society, comenzó a seguir las huellas del Cantar, pasos que fueron continuados por Ramón Menéndez Pidal y María Goyri en los primeros años del siglo XX y otros muchos viajeros hasta nuestros días.

En tierras sorianas el camino discurre por los territorios aledaños al Duero, muga en ese territorio de idas y venidas en la que el arte románico talla sus mejores portadas y pórticos. En 1081 la frontera sur del reino de Castilla se situaba en la sierra de Pela, escarpe natural que delimitaba los territorios en manos de cristianos, al norte, y musulmanes, al sur. La orden real dictada por Alfonso VI daba nueve días al Cid para abandonar el reino y, según el Cantar, Mio Cid deja primero a su familia bajo la protección del abad de San Pedro de Cardeña y se encamina con una tropa de 300 fieles hacia el sur, rodeando San Esteban de Gormaz y vadeando el Duero por Navapalos para adentrarse, en la noche del noveno día, en la taifa de Toledo por Miedes de Atienza. Un viaje de aventura.

Experiencia micológica

8

Gracias a su riqueza natural Soria se ha convertido en uno de los destinos micológicos más demandados por los viajeros. Regulada la recolección de setas y hongos en sus montes y bosques, una importante oferta culinaria y de eventos complementa esta riqueza.

En las comarcas de Tierra de Pinares y el Valle se rompe definitivamente el sombrío tópico que alentaron los escritores de la Generación del 98: al viajero le espera una de las aristas de la Castilla más verde y abrupta. Y en los suelos de sus enormes extensiones de pino negral y albar late el tesoro escondido de las montañas sorianas: unas setecientas especies comestibles de setas y hongos, lo que convierte a la provincia de Soria en uno de los territorios más deseados por quienes disfrutan recorriendo bosques y eriales a la búsqueda de estos preciados frutos. El otoño, con su marea de tonos rojizos y amarillos, trae a los Pinares Altos del noroeste provincial, allá donde el horizonte se vuelve encrespado y brilla el albar del pino entre bosquetes de hayas, abedules y robles, algunas de las piezas más codiciadas: los *boletus edulis* y *pinophilus*, conocidos en la tierra como *migueles,* y el níscalo, entre otras.

Pero no solo del otoño vive el micoturismo soriano. La relativa abundancia de precipitaciones convierten a la primavera en la segunda estación anual de interés para los amantes de la micología: champiñones, lansarones, bonetes y colmenillas son algunas de las setas más codiciadas. Y si el estío ofrece oronjas, miguel de roble y trufas de verano, el invierno es un talismán para los fieles seguidores del marzuelo, la negrilla y la trufa negra considerada, esta última, como el auténtico *diamante negro* de los montes sorianos. A finales de febrero se celebra la *Feria de la Trufa de Soria* en Abejar, encuentro que convoca a recolectores, truficultores, restauradores y público en general en torno a este preciado y aromático fruto.

El micoturismo se ha convertido así, en los últimos tiempos, en un camino alternativo para encontrarle a las soledades sorianas un punto de retorno, gracias al entusiasmo del visitante de fin de semana. Sendas seteras, cursos de iniciación a la recogida, servicio gratuito de identificación de ejemplares, degustaciones, jornadas gastronómicas y otras propuestas relacionadas con este fascinante mundo que ha dado a luz también a una cita bianual (en octubre) organizada desde el gobierno regional: el congreso *Soria Gastronómica*.

▲ Solo el Parque Micológico
▼ de Pinar Grande, con sus más de 12.500 hectáreas produce más de 200 toneladas anuales de hongos comestibles.

Templarios en el río Lobos

9

Los amantes del esoterismo tienen en la ermita de San Bartolomé, enclavada en mitad del Cañón del río Lobos, uno de los enclaves de la España mágica.

Declarado Parque Natural en 1985, el cañón que horada el cauce del río Lobos ocupa unas diez mil doscientas hectáreas bajo protección, un tercio de ellas en el término municipal de Hontoria del Pinar (Burgos) y el resto en la provincia de Soria. El acceso por carretera se puede hacer desde El Burgo de Osma y Ucero, donde se encuentra la Casa del Parque, y también por San Leonardo de Yagüe.

Cada 24 de agosto los feligreses acuden en romería hasta la ermita de San Bartolomé de Ucero (o *San Bartolo,* como se la conoce popularmente en la zona): se trata de un templo del románico tardío erigido en lo más profundo del cañón calizo en el primer tercio del siglo XIII. Algunos autores apuntan la intervención de canteros aquitanos en alusión a algunas de las marcas de la piedra, lo que vendría a reafirmar su vinculación con la Orden del Temple, una teoría que goza de muchos adeptos y de poca constancia documental (por no decir ninguna).

La tradición cuenta que el templo fue la iglesia del convento templario de San Juan de Otero, pero nunca se ha podido confirmar su localización exacta. Lo recóndito del lugar, la bella soledad del paisaje (generalmente sobrevolado por una creciente colonia de buitres leonados), el haber sido lugar tradicional de paso entre la vega del Ucero y el Alfoz de Lara, una de las vías de peregrinación a Compostela y las teorías que señalan que el templo se levanta en un punto equidistante de los cabos de Creus y Finisterre (a cuadrar en la aritmética mágica peninsular) son algunas de las razones que han rodeado de simbolismo al enclave soriano.

A ello se suman los óculos de los dos hastiales de la ermita, con pentáculos invertidos a la manera de los antiguos cultos táuricos, la *Cruz de las Ocho Beatitudes* que aparece tallada en uno de los capiteles del interior y la variedad de interpretaciones simbólicas que sugieren algunos de los canecillos labrados en la portada y el ábside.

Info

Casa del Parque del Cañón del río Lobos
✉ Ctra. SO 920, km 16. Ucero.
☎ 975 363 564 / 975 363 507.
🖥 www.patrimonionatural.org

▶ Ermita de San Bartolomé, en el Parque Natural del Cañón del río Lobos.

Paraíso ornitológico

10

La diversidad de hábitats con que cuenta la provincia de Soria la convierte en uno de los destinos preferidos para los amantes de la ornitología: sus sierras, estepas y zonas húmedas garantizan buenos resultados en cualquier estación.

Info

Seo Birdlife Soria
🔲 http://seosoria.blogspot.com/

Proyecto Trino. Turismo Rural de Interior y Ornitología en Castilla y León
✉ www.birdwatchingin spain.com

El Proyecto Trino (Turismo Rural de Interior y Ornitología) fue en los pasados años la base para el desarrollo de un ambicioso proyecto de promoción de la ornitología a nivel de Castilla y León. Una iniciativa que cuenta con más de 500 km de rutas señalizadas, observatorios y otras instalaciones relacionadas con la avifauna.

La provincia de Soria ofrece todo tipo de ecosistemas (hayedos, embalses, ríos –con sus cantiles y vegas–, roquedos de alta montaña, matorral y pastizal, eriales y baldíos, encinares, dehesas, pinares, llanuras cerealistas y núcleos de población), lo que garantiza una alta diversidad avifaunística y, por tanto un territorio ideal para la observación. Al calor de los fondos comunitarios se trabajó y publicó en 2013 una guía sobre las aves del sureste soriano realizado por el Grupo local SEO (Soria), coordinado por Juan Luis Hernández. Además, fueron cuatro los itinerarios ornitológicos incluidos en este ámbito geográfico: dos en la comarca de Medinaceli, uno en la de Almazán y otro situado al sur de la Tierra de Berlanga.

El primero de los dos señalizados en la comarca de Medinaceli se pega al cauce del río Jalón, desde la bonita localidad de Somaén, y discurre a lo largo de 8 km hasta alcanzar el despoblado de Avenales. Es un paisaje de transición entre la ribera del río y las laderas rocosas del cañón, lo que permite la observación de una buena variedad de aves rupícolas y otras más propias de la vega y las huertas como el mirlo acuático. La segunda se adentra en uno de los terrenos más recónditos y meridionales de Soria: los sabinares del Jalón. La ruta, circular, comienza y concluye en Iruecha y recorre el barranco de Algodrón por la majada del Descansadero. Es preferible realizarla en época de estiaje ya que discurre en buena medida por el cauce seco del arroyo del Otero.

La ruta propuesta por la comarca de Almazán une las localidades de Bordecorex y Fuentegelmes, casi en el límite con la Tierra de Berlanga, a la vera del río Torete, junto a la ZEPA de los Altos de Barahona. Se trata de una zona de vega donde abundan palomas torcaces, chotacabras grises, arrendajos y zorzales, entre otras especies.

La cuarta y última ruta señalizada es un itinerario de fin de semana integrado, en realidad, por dos tramos: el primero situado en la ZEPA de los Altos de Barahona, siguiendo el curso y las hoces del río Escalote (y que se solapa en parte con la que une Bordecorex y Fuentegelmes) y el segundo en torno al embalse de Monteagudo de las Vicarías, en el límite con la provincia de Zaragoza. Se trata de un escenario muy rico en aves acuáticas y, a la vez, cercano a la población estepearia que le circunda.

Con todo, la provincia garantiza otras interesantes áreas ornitológicas ya que se han censado más de 260 especies de aves en la misma, con parajes especialmente interesantes como el Cañón del río Lobos, la Tierra de Pinares, el embalse de la Cuerda del Pozo, el río Duero y la sierra de Urbión. Un estudio reciente sobre la avifauna de la comarca de las Tierras Altas ha catalogado unas 80 especies reproductoras en el triángulo de 100 km^2 que forman Santa Cruz de Yanguas, La Poveda y San Pedro Manrique, con ejemplares singulares como la perdiz pardilla.

◄ Embalse de la Cuerda
▼ del Pozo y Cañón del río Lobos, dos enclaves privilegiados para la observación de aves.

Visita
a Soria

Visita a la ciudad de **Soria**

Soria es la segunda capital de provincia española con menor número de habitantes (39.450, en el último censo de población, en 2022), una ciudad tranquila y accesible donde todo parece quedar a mano. "Tres estaciones: invierno, verano y la del tren", acota el gracejo popular para calificar el riguroso clima de esta capital mesetaria ubicada al este de la comunidad autónoma de Castilla y León. Y, pese a todo, Soria ejerce de talismán para el viajero sin prisas del siglo XXI –rebautizado *slow* por las modas del momento– que aprecia, precisamente, esa falta de apremios junto a la riqueza de su patrimonio románico, su contundente oferta gastronómica y su elegiaco pasado.

La ciudad de Soria

Sobre los orígenes de Soria nada se sabe a ciencia cierta. Recientes excavaciones arqueológicas en el entorno de la muralla del castillo parece que van arrojando luz sobre el mismo, a la espera de las conclusiones de las mismas. Con todo, y sin haberse desvelado el origen cierto de su toponimia, se especula que sería Fernán González, primer conde independiente de Castilla, quien habría erigido aquí una fortificación para proteger el paso del Duero, conquistada luego por las huestes del temido Almanzor y que en torno al año 1011 volvería a manos castellanas bajo el mando del nieto de Fernán González, Sancho García, junto con otras plazas fuertes situadas en la frontera del Duero como Osma y San Esteban de Gormaz. Así hasta 200 fortalezas según los cronistas de la época.

Territorio fronterizo en disputa con el vecino reino de Aragón a partir de doña Urraca, la primera constancia documental de Soria aparece en el cantar de gesta del *mío Cid*. Luego, allá por el año 1134, reinando Alfonso VII, Soria quedaría definitivamente unida al devenir de Castilla. Se la fortificó y, durante el reinado de Alfonso VIII, conoció un gran auge urbano, alcanzando con Alfonso X, en 1256, nuevos privilegios. Soria devino entonces en un burgo dinámico, de comerciantes, artesanos y guerreros que creció en torno al collado que separa el monte del castillo y los cerros de alrededor, llegando a tener 36 parroquias.

Con una importante aljama, su historia ya no sería la misma a partir de la creación del Honrado Concejo de la Mesta en el último tercio del siglo XIII. La lana merina, en manos de los privilegiados ganaderos, trajo el esplendor a la ciudad. Sin embargo, la expulsión de los judíos decretada por los Reyes Católicos y, posteriormente, el declive del comercio del vellón la sumergiría en un prolongado declive demográfico y vital del que no salió hasta la segunda mitad del XIX.

Hoy, la ciudad medieval crecida a los pies del monte Oria es una apacible capital volcada en el sector servicios y amante de sus tradiciones que ondea la bandera literaria que le legaron el romanticismo de Bécquer y los versos de Antonio Machado y Gerardo Diego.

Planificación de la visita

Se proponen a continuación **dos itinerarios** para visitar Soria. El primero, **Desde la Alameda a la Plaza Mayor,** discurre por las plazas, parques, monumentos y edificios civiles y religiosos más importantes de la urbe, vertebrados a lo largo del paseo del Collado, arteria de la Soria más tradicional.

El segundo, **Desde la Plaza Mayor hasta el Duero,** desciende hasta las orillas del río pasando por algunas de las ruinas, palacios y templos indispensables en cualquier visita a la ciudad, junto con las recuperadas márgenes del río, espacio singular que adoran los amantes de la naturaleza.

Soria es una ciudad de dimensiones reducidas, fácil de recorrer para el paseante con calma y sosiego, pero si el viajero dispone de poco tiempo se recomienda que no deje de visitar los lugares marcados con una o dos estrellas (✱ o ✱✱) ya que son absolutamente imprescindibles para conocer la capital.

Para facilitar la visita se incluye un **plano** de la ciudad (págs. 32-33). El símbolo ◉ remite a la localización de los monumentos y lugares de interés dentro del mismo.

▼ Alameda de Cervantes.

DESDE LA ALAMEDA A LA PLAZA MAYOR

▌ALAMEDA DE CERVANTES　　　　　　　　*

Conviene comenzar el recorrido por el pulmón verde capitalino. La razón es doble: primero, por motivos eminentemente prácticos. Desde que el ayuntamiento emprendiera el proceso de peatonalización del entorno de la **plaza de Mariano Granados,** estableciendo también un sistema de aparcamiento regulado en la zona centro y habilitando un aparcamiento subterráneo bajo el **paseo del Espolón,** lo mejor si has viajado en tu propio vehículo es dejarlo aquí o, alternativamente, buscar un hueco en algunas de las calles situadas cerca de la plaza de toros (al otro lado de la avenida de Valladolid, arteria que se solapa con el trazado de la vieja N 234, atravesando la ciudad de este a oeste), fuera ya de la zona regulada. Y segundo, porque la Alameda de Cervantes, *La Dehesa,* como la conocen los sorianos, es el parque más antiguo de la ciudad.

Sus casi 10 ha de superficie tienen forma de cuña: la zona más estrecha coincide con las puertas de acceso erigidas en 1945 frente a la plaza de Mariano Granados y, en la parte alta, la más ancha, está limitada por las calles Mosquera de Barnuevo, paseo de San Andrés y Nicolás Rabal. Su origen se remonta al siglo XII cuando el espacio se convirtió en una dehesa boyal propiedad del cabildo de la colegiata de San Pedro. En el siglo XVII la por entonces conocida como dehesa de San Andrés pasó a pertenecer al *Común de la Muy Noble y Muy Leal Ciudad de Soria,* que mantuvo la parte alta dedicada

al pasto y la más cercana a la urbe, la baja, como espacio público.

Pegada al paseo del Espolón se erige la **ermita de Nuestra Señora de la Soledad,** construida por mandato de los condes de Gómara y señores de Almenar para proteger el primitivo humilladero que la cofradía penitencial de la Vera Cruz había erigido aquí en 1552. El templo custodia una impresionante talla de marfil, también, del siglo XVI y atribuida a Juan de Juni.

El parque es lugar de encuentro público y paseo cuando la rigurosa meteorología lo permite. Cuenta con un pequeño jardín botánico donde se pueden leer los nombres de las cerca de 80 especies de árboles que lo habitan, varias fuentes y zonas ornamentales, una rosaleda, paseos muy sombreados y la pradera del Alto. También con un templete de música junto al que antaño se levantaba el monumental olmo plantado a comienzos del siglo XVII y que no sobrevivió a la epidemia de grafiosis que asoló Castilla a finales del pasado siglo. En esta **plaza del Árbol de la Música** se organiza la edición estival de Expoesía, la única feria del libro dedicada a la poesía de España, a principios de agosto. Es una tradición estival tomarse un cucurucho de helado artesanal de los que venden en esa puerta de Mariano Granados y, durante las fiestas de San Juan, a finales de junio, *La Dehesa* acoge varios de los actos más representativos de las mismas, como el desfile de las cuadrillas la mañana del domingo de Calderas o la procesión del lunes de Bailas desde la ermita de la Soledad.

| MUSEO NUMANTINO ★★

El museo se sitúa en el costado norte de la Alameda de Cervantes, sobre el mismo paseo del Espolón, en un edificio diseñado por el arquitecto Manuel Aníbal Álvarez e inaugurado por Alfonso XIII el 18 de septiembre de 1919. A finales de los años ochenta del siglo pasado se realizó una ampliación de su superficie expositiva, que a día de hoy alcanza unos 7.000 m^2.

Adentrarse en sus instalaciones es hacer un viaje al pasado milenario de un territorio como el de Soria, repleto de interesantísimos yacimientos paleontológicos y arqueológicos, y que fue descuartizado administrativamente en la distribución provincial de Javier de Burgos en 1833. El devenir de los fondos del Numantino estuvo íntimamente ligado a las excavaciones que se realizaron desde finales del siglo XIX en el cerro de la Muela de Garray y en otros

● B2
Museo Numantino
✉ Paseo del Espolón, 8.
☎ 975 221 397.
🖥 www.turismosoria.es
🕐 De octubre a junio de 10 h a 14 h y de 16 a 19 h. De julio a septiembre de 10 a 14 h y de 17 a 20 h. Domingo y festivos de 10 h a 14 h. Lunes cerrado.
💶 1 €.

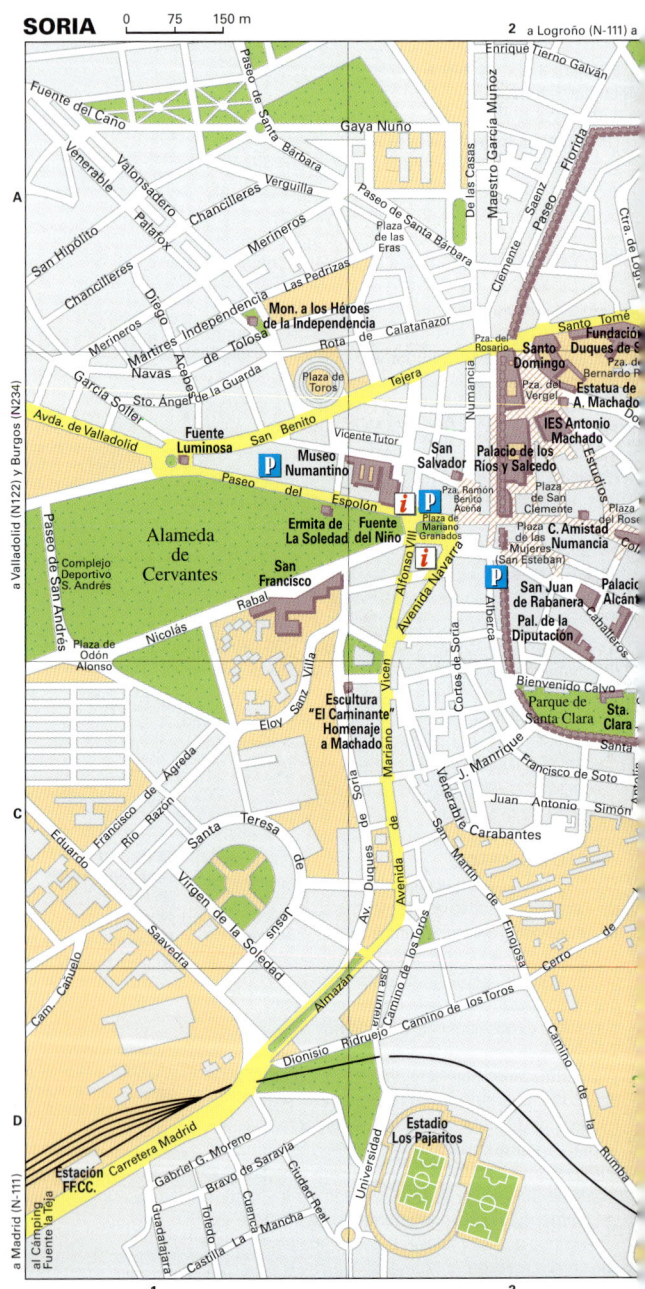

SORIA

0   75   150 m

2 a Logroño (N-111) a

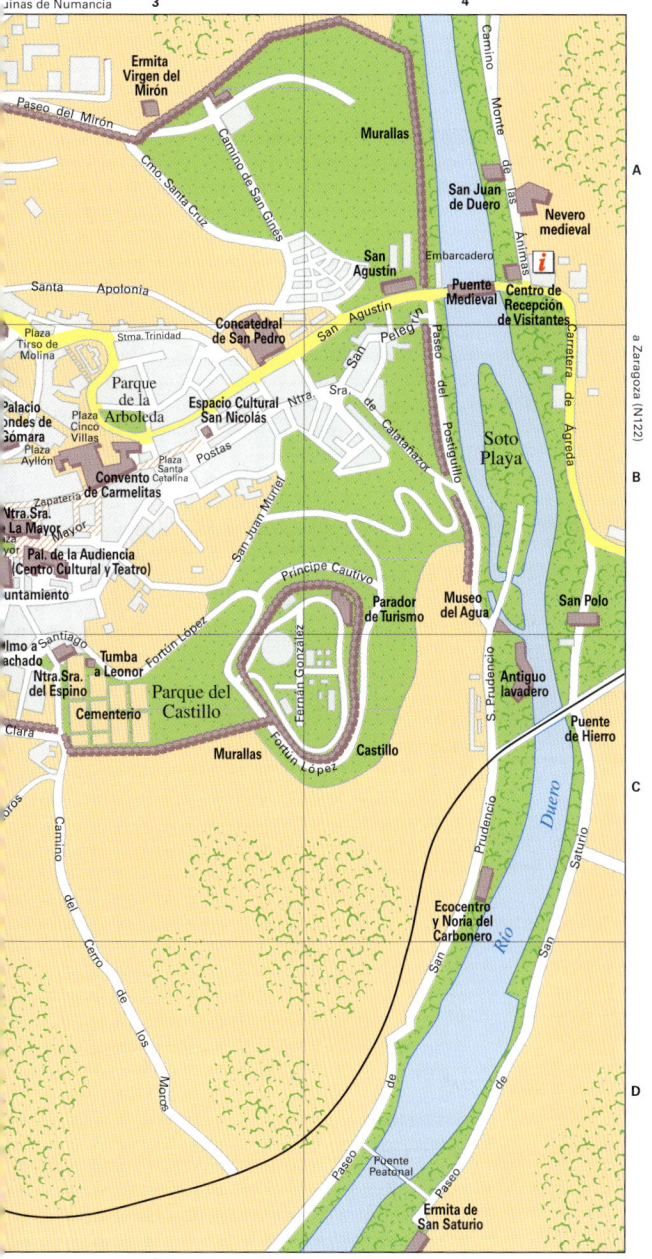

Ruinas de Numancia   3   4

Ermita Virgen del Mirón

Paseo del Mirón

Camino de San Ginés

Cmo. Santa Cruz

Murallas

Camino de Monte de las Ánimas

San Juan de Duero

Nevero medieval

San Agustín

Embarcadero

Puente Medieval

Centro de Recepción de Visitantes

Santa Apolonia

Stma. Trinidad

Concatedral de San Pedro

San Agustín

San Peleg VI

Paseo del Postiguillo

a Zaragoza (N122)

Plaza Tirso de Molina

Palacio ondes de Gomara

Parque de la Arboleda

Plaza Cinco Villas

Espacio Cultural San Nicolás

Ntra. Sra. de Calatañazor

Carretera de Ágreda

Plaza Ayllón

Postas

Plaza Santa Catalina

Soto Playa

Convento de Carmelitas

Zapatería

San Juan Murlel

Ntra. Sra. La Mayor

Mayor

Pal. de la Audiencia (Centro Cultural y Teatro)

untamiento

Príncipe Cautivo

Parador de Turismo

Museo del Agua

San Polo

Imo a Santiago achado

Fortún López

Tumba a Leonor

Ntra. Sra. del Espino

Fernán González

Antiguo lavadero

S. Prudencio

Puente de Hierro

Cementerio

Parque del Castillo

Clara

Murallas

Fortún López

Castillo

Río Duero

Camino del Cerro de los Moros

Prudencio

San Saturio

Ecocentro y Noria del Carbonero

Río

Paseo de San

Paseo

Fuente Peatonal

Ermita de San Saturio

3   4

Capital de la música clásica

Cada año, durante la segunda quincena del mes de septiembre, la ciudad se convierte en capital castellano leonesa de la música clásica. El Otoño Musical Soriano (Festival Internacional de Música de Castilla y León) nació en 1993 de la mano del maestro Odón Alonso (fallecido en 2011) con el objetivo de acercarla a todos los públicos, y desde sus inicios se ha convertido en cita cultural obligada para melómanos y simples curiosos, gracias a una programación que acoge múltiple variedad de estilos, una alta calidad de participantes y está abierta a toda la ciudad y a todas las edades, además de apoyar la música española, a los nuevos creadores, artistas y compositores.

A lo largo de su trayectoria el encuentro ha contado con figuras de la talla de la cantaora Estrella Morente, el violinista Ara Malikian, las sopranos Ainhoa Arteta, Monserrat Caballé y Victoria de los Ángeles, el pianista Michel Camilo o el director Krzysztof Penderecki. En 2015 el Otoño Musical Soriano fue seleccionado por la Asociación Europea de Festivales como uno de los 700 mejores festivales de arte (Música, Danza, Teatro, Fotografía y Cine) de Europa. Un galardón, el EFFE Label 2015/2016 (Europe For Festivals, Festivals For Europe), que solo ostentan 27 festivales en España en reconocimiento a su compromiso artístico y proyección internacional. La cita mantiene su política de precios populares, una máxima que desde sus inicios ha tenido la organización del certamen, y programa además un significativo número de actividades gratuitas entre las que destaca el Maratón Musical, propuesta que garantiza que durante todo un día no dejen de sonar la música y los acordes por las calles de Soria y que es una de las citas más queridas por los vecinos y visitantes. Los conciertos se realizan en dos de los principales centros culturales de la ciudad: el antiguo Palacio de la Audiencia y el Aula Tirso de Molina, a los que se han ido uniendo otros escenarios emblemáticos como la Plaza Mayor, el Casino y el monte Valonsadero.

Otoño Musical Soriano
http://festivalotonomusical.
soria.es

focos celtíberos provinciales: de hecho, sus fondos iniciales provienen de la unión de dos espacios museísticos, el Museo Provincial (creado en 1913, y que con las décadas pasó a llamarse Museo Celtibérico), y el Numantino propiamente dicho, fundado en 1919. Ambas colecciones se fundieron en 1942 bajo su actual denominación. Los dos primeros directores del museo fueron dos de los grandes arqueólogos españoles de la época, José Ramón Melida y Blas Taracena (quienes se sucedieron, a su vez, en la dirección del Arqueológico Nacional, en Madrid).

En el año 2005 el museo acogió la magna exposición *Celtíberos: tras la estela de Numancia,* organizada para difundir los principales aspectos de la cultura celtibérica a través de un recorrido por los distintos ámbitos cotidianos de la misma. Además de contar con las colecciones temáticas propias, la riqueza de la muestra se vio potenciada con las aportaciones de otros 17 centros españoles y 20 europeos, alcanzando gran éxito de visitantes y relanzando el interés del turismo nacional por espacios arqueológicos como Tiermes, Uxama y Numancia.

Como cabría imaginar, el fondo más abundante que se exhibe es el relativo a la cultura celtibera, pero los restos más antiguos expuestos son aquellos que atestiguan la presencia humana en el territorio que a día de hoy abarca la provincia de Soria y que se remontan al Paleolítico Inferior, en yacimientos como los de Torralba, Ambrona, Sotillos de Caracena, Tiermes, Almazán y San Miguel de Ucero. Por los restos óseos y líticos encontrados se estima que hace unos 300.000 años la zona de Torral y Ambrona era un buen cazadero, con un fondo de valle cenagoso donde caían los animales, acorralados y enfangados. En el Numantino se muestra un colmillo de un tipo de elefante encontrado en Ambrona, entre otros materiales recuperados de estos yacimientos.

La presencia humana en el Calcolítico está datada por monumentos megalíticos como el dolmen del Alto de la Tejera, en Carrascosa de la Sierra, y enterramientos y grabados rupestres en cuevas y abrigos rocosos (Torrevicente y Abanco). De las distintas fases cronológicas de la Edad del Bronce los trabajos sacaron a la luz varios yacimientos, entre los que destaca el de Los Tolmos de Caracena (Bronce Medio). Se expone una impresionante estatua

▼ Interior del Museo Numantino y objetos de época celtibera expuestos en el mismo.

menhir tallada en piedra arenisca dura encontrada en Villar del Ala, fechada en el Bronce Final, en torno al 850 a. C.

Llegados a la Primera Edad del Hierro se hace un repaso a la pintura rupestre esquemática en abrigos rocosos (Valonsadero, Pedrajas, Oteruelos), grabados rupestres (Retortillo, Castro, Valdenedizo, Manzanares, Sotillos de Caracena, Muriel de la Fuente, Covaleda, etc.) y a la cultura castreña soriana, con más de una veintena de castros, situados todos ellos en las estribaciones del Sistema Ibérico. La mayor parte estaban protegidos de forma natural pero algunos, como el de Valdeavellano de Tera, tenía torreones en sus murallas, o piedras hincadas (Hinojosa de la Sierra).

Tras el abundante repaso a la cultura celtibera, la lógica expositiva se centra en la romanización y la etapa visigoda para desembocar en la Edad Media: la Soria musulmana y la reconquista cristiana.

A espaldas del Numantino, lo que se conoce como el Tubo Grande (calles de Sagunto y Manuel Vicente Tutor), es una zona comercial y de bares con bastante animación durante los fines de semana.

PLAZA DE MARIANO GRANADOS

La reforma y peatonalización de esta céntrica plaza, realizada por el estudio del arquitecto Ignacio Cabrerizo, ganó para el paseante un espacio de continuidad, totalmente accesible, con la homónima de Ramón Benito Aceña (Herradores) y El Collado. Caminando por el paseo del Espolón desde el Museo

· · · · · · · · ·

Ⓞ B2
Plaza de Mariano Granados

▼ Plaza de Mariano Granados.

Numantino se deja a la izquierda uno de los locales nocturnos de moda *(The Red Lion on Soria)* y, un poco más adelante, otro de los establecimientos más populares de la ciudad, la *Mantequería York* (en el número 3 de Mariano Granados).

Frente a ella, a los pies del antiguo edificio de Caja Duero, se sitúa la nueva **Oficina Municipal de Información** (desplazada solo unos metros desde su anterior ubicación en la vecina plaza de Ramón y Cajal, donde desde 2021 luce una maqueta en bronce de la ciudad). A su lado se encuentra la moderna marquesina desde la que parten las cuatro líneas de autobuses urbanos.

IGLESIA DE SAN JUAN DE RABANERA ✳

Una alicaída avenida de Navarra hace de gozne entre Mariano Granados y otra pequeña plaza, la de Ramón y Cajal, convertida ahora al bullicio de las terrazas como extensión de Herradores. Aquí empieza también la **calle de los Caballeros,** que deja a su costado el hotel Leonor Centro y las calles Claustrilla y Alberca, por donde alzaba su perímetro la muralla medieval.

Esta calle de los Caballeros avanza por una insulsa plaza del Olivo hacia la segunda de las joyas monumentales del itinerario: la **iglesia de San Juan de Rabanera** (como la llamó Dionisio Ridruejo), "cruciforme, esbelta, románica".

El templo ya aparecía en el censo de Alfonso X el Sabio en 1270 pero, con el paso de los siglos, sufrió añadidos y revoques que desvirtuaron su planta

⊙ B2
Oficina Municipal de Información
☎ 975 222 764.
🕐 Semana Santa y de julio a mediados de septiembre: de martes a domingo de 10 h a 14 h y de 16 h a 20 h. De mediados de septiembre a Semana Santa: de martes a sábado de 10 h a 14 h y de 16 h a 19 h; domingo de 10 h a 14 h. Lunes cerrado, excepto festivos.

⊙ B2
Iglesia de San Juan de Rabanera
✉ Caballeros, 20.
☎ 975 211 239.
🕐 De martes a domingo, de 11 h a 13.30 h y de 17 h a 20 h (julio y agosto). Resto del año, consultar.
🎫 Entrada gratuita.

▼ Iglesia de San Juan de Rabanera y palacio de la Diputación.

▲ Ábside y portada de la iglesia de San Juan de Rabanera.

· · · · · · ·

🅾 B2
Palacio de la Diputación

original, hasta que a comienzos del siglo xx, con el desencalado barroco del interior, y en 1958, con la eliminación en el hastial norte del transepto románico de las sacristías y la capilla de Juan de Palafox y Mendoza, recuperó su esplendor original. En 1908 se le incorporó a su fachada occidental una portada románica procedente de las ruinas de la iglesia de San Nicolás, situadas en la calle Real.

Señalaba Avelino Hernández, insigne cronista de la villa, que el exterior del ábside de San Juan de Rabanera es "el de más bella disposición de la Península". Ábside que para Ridruejo es "la pieza más notable y preciosa", siguiendo a Juan Antonio Gaya Nuño quien en su interesantísima obra *El románico en la provincia de Soria* (Madrid, 1946) destacaba en su fábrica la "aplicación de ciertos elementos clásicos como las columnas estriadas en su mitad superior y los capiteles compuestos, influencia directa de los canteros franceses".

El interior del templo conserva, en su penumbra, una atmósfera de espacio pretérito con sabor a siglos, que se ve acentuada por el efecto de la cúpula bizantina que se eleva sobre el crucero. El paseante lo recorre en silencio. Como en silencio se transita alrededor del ábside, de nuevo en la calle, repleto de curiosos canecillos a la intemperie.

▍ PALACIO DE LA DIPUTACIÓN

Frente a la iglesia de San Juan de Rabanera, al otro lado de la calle de los Caballeros, se erigía el palacio del Marqués de Vadillo, solar que desde el siglo xix ocupa el edificio de la Diputación. A su costado, y separados por la estrecha escalinata de la calle Morales de Espino, hay otro edificio de inspiración historicista, el que acoge la Delegación de la Agencia Tributaria.

La fachada de la Diputación se adorna, desde 1971, con ocho esculturas obra de Federico Coullant-Valera que representan personajes ilustres de la historia local, desde Alfonso VIII, el Rey Niño soriano, al juglar del Cid, la mártir Santa Cristina de Osma, el teólogo Diego Laínez, el abad San Martín de Finojosa, el obispo San Pedro de Osma y el clérigo Francisco López de Gómara, quien acompañó a Hernán Cortés en la conquista de México y cuyas crónicas censuró Felipe II. Hay también un pebetero cuya llama recuerda la gesta numantina.

De los palacios de los siglos xvi y xvii que jalonaban la rúa queda otro bonito ejemplo en la fachada del número 7, frente a uno de los restaurantes más destacados de la ciudad, *Baluarte*.

Fiestas de San Juan

A finales de junio Soria entra en ebullición: se celebran las fiestas de San Juan y de la Madre de Dios, una manifestación del sentir popular más arraigado que según los expertos se remonta a los rituales del solsticio de verano de los celtíberos. Unas fiestas grandes en las que el mayor protagonismo se lo llevan los toros, pero que tienen otros protagonistas destacados: los *jurados* –hombre y mujer– de cada una de las cuadrillas, que junto con sus *cargos* y colaboradores, se ocupan de que todo ocurra según lo previsto en los *Usos y Costumbres Sanjuaneras*.

Doce son las cuadrillas de vecinos que participan, representando a los principales barrios de la ciudad (una tradición que cuenta con un siglo de vida, ya que en 1914 las habituales 16 cuadrillas tuvieron que reducir su número ante el declive demográfico de Soria). Y no se puede olvidar a las peñas, responsables del color, el bullicio y la algarabía que durante estos días pueblan la ciudad. La más antigua, fundada en 1956, es la denominada *Poca Pena*, compuesta por más de 500 miembros. Así hasta seis peñas y cerca de 2.200 peñistas.

Las fiestas se inician el Miércoles de Pregón y prosiguen con el Jueves de Saca, cuando doce toros de la cercana dehesa de Valonsadero son conducidos por caballos hasta la plaza para ser lidiados durante el Viernes de Toros. *La Saca* se remonta al último tercio del siglo XVI, cuando las corridas taurinas fueron instauradas oficialmente. Al día siguiente, el Sábado Agés, los despojos de los toros lidiados son subastados públicamente en los distintos barrios entre pegadizas canciones rituales y un continuo trasiego de botas de vino. El subastador es otro de los protagonistas por San Juan: su carisma y buena labia animan el cotarro y elevan la puja. El Domingo de Calderas las cuadrillas desfilan con sus mejores galas exhibiendo las *calderas* –cazuelas que llevan carne de toro, pollo y otros ingredientes– adornadas con flores y motivos sanjuaneros.

El jolgorio termina el Lunes de Bailas, con procesión religiosa, merienda campestre y vistosas danzas junto al Duero. *No hay sanjuanes sin toros ni sanjuanes sin sanjuaneras* (la típica canción interpretada por la Banda Municipal de Música de Soria, casi un himno oficial que va cambiando de letra año tras año).

| PLAZA DE LAS MUJERES (SAN ESTEBAN)

Desde San Juan de Rabanera se emboca por la angosta calle Diputación hacia la plaza de las Mujeres. Arbolada, en su lado sur se ubica el antiguo edificio del Banco de España, de factura neoclásica y construido en 1933 por el arquitecto José Yarnoz sobre el solar que antaño ocupara el palacio de los Condes de Santa Coloma. Adquirido por el Ayuntamiento, albergará el futuro **Centro Nacional de Fotografía**.

En esta plaza se situó la *Casa de las Isidras*, pensión donde se alojara el poeta santanderino Gerardo Diego cuando llegó a Soria en abril de 1920 para

⊙ B2
**Plaza de las Mujeres
(San Esteban)**

Noche de difuntos con Bécquer

Y desde entonces dicen que cuando llega la noche de Difuntos se oye doblar sola la campana de la capilla, y que las ánimas de los muertos, envueltas en jirones de sus sudarios, corren como en una cacería fantástica por entre las breñas y los zarzales. Los ciervos braman espantados, los lobos aúllan, las culebras dan horrorosos silbidos. Y al otro día se han visto impresas en la nieve las huellas de los descarnados pies de los esqueletos. Por eso en Soria lo llamamos el Monte de las Ánimas, y por eso he querido salir de él antes que cierre la noche.

Así concluye la leyenda que publicara en 1862 Gustavo Adolfo Bécquer con el título de *El Monte de las Ánimas*, considerada por muchos especialistas y amantes de la literatura y el misterio como el mejor cuento de terror de la lengua castellana. Al hilo de este relato, cada Noche de Difuntos la ciudad representa en el mismo paraje que animara la imaginación del escritor romántico una lectura teatralizada de la leyenda, que se acompaña con un espectáculo de luz y fuego.

A lo largo de la semana precedente, Soria se convierte en una ciudad medieval y las calles del centro histórico en un escenario de cuentos de terror, con lecturas de los mejores relatos del género en la literatura universal (es el momento de los maestros, desde H. P. Lovecraft a Edgar Allan Poe) en un escenario único, las ruinas de la iglesia de San Nicolás. La Noche de Difuntos el cortejo se acompaña en su paseo hacia el río con un pasacalles musical guiado por candiles y antorchas y formado por inmensos esqueletos, estandartes medievales, títeres gigantes, monjes templarios y otros espectros de la noche que recrean el ambiente lúgubre, frío y misterioso típico de esta noche del 1 de noviembre en Soria.

· · · · · · · ·

 Festival de las Ánimas
 www.festivaldelas
animas.com

· · · · · · · ·

 B2
Centro Cultural Gaya Nuño
 Plaza de las Mujeres, 2.
 975 232 397.
 (Apertura para exposiciones
temporales).

impartir clase en la cátedra del instituto Antonio Machado. Y también aquí está la sede del **Centro Cultural Gaya Nuño**, uno de los espacios culturales más importantes de la ciudad y que alberga el legado de Juan Antonio Gaya Nuño y Concha G. de Marco, quien cuenta con una ruta teatralizada que da a conocer su vida y obra literaria.

Las Mujeres (San Esteban) es plaza de rastrillos estivales y es, también, el primer contacto del paseante con la comercial calle de El Collado. A unos metros queda la taberna *Lázaro*, última superviviente en la capital de aquellos locales donde el vino se servía por chatos. A sus habituales cacahuetes hay que añadir la limonada, un clásico de la Semana Santa capitalina (declarada, por otro lado, fiesta de Interés Turístico de Castilla y León). Y si el visitante camina hacia Mariano Granados cruza el lateral sur de la plaza de Herradores, repleta de bares y terrazas.

▲ IES Antonio Machado y jardín del palacio de los Castejones.

PLAZA DE SAN CLEMENTE

Por El Collado se accede al *Tubo,* como se conoce al espacio urbano de la plaza de San Clemente. Es otro de los rincones dedicados al picoteo en Soria. Ruidosa y noctámbula, en las frescas noches veraniegas sus animadas terrazas dan un colorido ambiente a este rincón en el que hasta 1952 se situó la iglesia de San Clemente, también de factura románica. Su hueco lo ocupó un intrascendente edificio propiedad de la antigua Telefónica.

La plaza, que se comunica con otra calle de evocador nombre, Aduana Vieja, cumple a rajatabla el principio físico con el que la novelista Marta Sanz caracterizó a la ciudad: "a menor superficie, mayor presión". Aquí permanecen en pie la **casa de la Inquisición,** vetusto edificio señorial en mampostería, y esa joya renacentista y blasonada, con ventana en esquina, que es el **palacio de los Ríos y Salcedo,** del siglo XVI y sede del **Archivo Histórico Provincial.**

IES ANTONIO MACHADO ✳

Continuando hacia el norte por Aduana Vieja en dirección a la plaza del Vergel, se deja a mano izquierda el **palacio de los Castejones,** el mejor ejemplo del plateresco en Soria. Lo mandó construir en el siglo XVI la poderosa familia del mismo nombre, originaria de Ágreda, destacando su portada, que muestra la filigrana de un arco y el blasón de la estirpe sobre el mismo. Está adosado a otro **palacio,** el **del corregidor don Diego de Solier,** levantado en 1598 y con una interesante galería corrida en su última planta, soportada por arcos de medio punto y columnas toscanas.

Aduana Vieja confluye ligeramente empinada con la calle Instituto, lugar donde el paseante encuentra

⏱ B2
Plaza de San Clemente

⏱ B2
Palacio de los Ríos y Salcedo. Archivo Histórico Provincial
☎ 975 224 354.
⏱ De lunes a viernes, de 8.30 h a 14.30 h.
🎫 Entrada gratuita.

⏱ B2
IES Antonio Machado
✉ Instituto, 7.
☎ 975 212 243.
⏱ De lunes a viernes, de 9 h a 20 h (en horario escolar).
🎫 Entrada gratuita.

uno de los hitos en el recorrido machadiano por la ciudad: el antiguo Colegio de la Compañía de Jesús, desde 1967 bajo el nombre de Instituto Antonio Machado. El poeta sevillano impartió clases de francés en sus aulas entre 1097 y 1912. El edificio, de factura barroca y aspecto sobrio, se erigió después del voraz incendio que el 22 de abril de 1740 asoló el primitivo colegio jesuita emplazado en su solar. Destaca la portada abierta en el extremo septentrional de la fachada principal, sobre la que, paradójicamente, se sitúa el escudo de Carlos III (monarca que promulgó el decreto de expulsión de los religiosos de la Compañía). El claustro, cuadrangular y frío, acoge en las noches del mes de agosto las lecturas con poetas que organiza *Expoesía*. Se conserva el **aula** en la que impartió sus clases el poeta. En la fachada norte hay una escultura de don Antonio en bronce.

I IGLESIA DE SANTO DOMINGO   ******
La plaza del Vergel se anima también bastante durante las tardes y noches veraniegas con algunas terrazas.

· · · · · · · ·
ⓐ A-B2
Iglesia de Santo Domingo
✉ Plaza de los Condes de Lérida, 2.
☎ 975 211 239.
🕓 De lunes a domingo, de 8 h a 21 h.
🎫 Entrada gratuita.

Un poco más adelante, en dirección a la avenida de Valladolid, se encuentra la **iglesia de Santo Domingo** –antigua Santo Tomé–, declarada Monumento Histórico Artístico en 1931. Se erigió en tiempos del Rey Niño, Alfonso VIII de Castilla, casado en 1170 con Leonor de Inglaterra, hija de otra Leonor, la de Aquitania, y de ahí parece que devienen las claras influencias de su fachada, con reminiscencias de la antigua colegiata de Nuestra Señora de Poitiers (Francia). Su armoniosa fachada está recorrida por dos series de arquerías ciegas apoyadas sobre columnas y está considerada una pieza única del románico español: "la fachada románica más hermosa, unitaria y equilibrada que queda en la Península", apuntaba Dionisio Ridruejo en su *Guía de Castilla La Vieja.* Y no vamos a quitarle la razón: la decoración escultórica de arquivoltas, canes, capiteles y óculo, con escenas de los Testamentos bíblicos y de la vida del santo patrón, es de gran detalle y belleza, con figuras bíblicas esculpidas en los capiteles. En el centro del frontón, por encima del tímpano, se abre el gran rosetón, dividido en ocho porciones y adornado también con relieves escultóricos, donde,

◄ Fachada de la iglesia de Santo Domingo, obra maestra del románico en España.

▲ Palacio de los Doce Linajes (Ayuntamiento).

● ● ● ● ● ● ● ●

🕐 **A2**
Fundación Duques de Soria de Ciencia y Cultura Hispánica
✉ Convento de la Merced.
🏠 anto Tomé, 6.
☎ 975 229 911.
🖱 www.fds.es

● ● ● ● ● ● ● ●

🕐 **B2**
Círculo de Amistad Numancia.
Casa de los Poetas
✉ El Collado, 23.
☎ 975 211 164.
🖱 www.casadelospoetas desoria.com
🕐 Se visita en horario de apertura del Casino, según la temporada. En verano, de 10 h a 14 h y de 17 a 20 h.
🎟 2 € (audioguía: 1 €).

● ● ● ● ● ● ● ●

🕐 **B3**
Plaza Mayor

---

entre otros motivos, se recrea un bestiario. Bajo el mismo hay dos figuras sedentes que la tradición interpreta como don Alfonso y doña Leonor, pero el desgaste de la piedra hace imposible su correcta identificación. A pie de calle, la portada, con cuatro arquivoltas apoyadas en capiteles que representan escenas del Antiguo Testamento.

Junto a la iglesia se extienden los muros del antiguo convento mercedario, donde fue prior entre 1645 y 1648 fray Gabriel Téllez, más conocido en el ámbito de las letras españolas como Tirso de Molina, uno de los dramaturgos más importantes del Siglo de Oro. Entre sus muros encuentran acomodo dos entidades culturales de gran prestigio en la ciudad: la **Fundación Duques de Soria** y el **Aula Tirso de Molina**.

❙ CÍRCULO DE AMISTAD NUMANCIA   ✱

La calle Estudios, nuevamente en dirección sur, desemboca en la plaza de Bernardo Robles, donde se situaba el antiguo mercado de abastos, edificio de principios del siglo xx que fue definitivamente clausurado en 2011. En su lugar se ha construido un moderno espacio multifuncional con supermercado, aparcamiento subterráneo y dos salas de cine.

Estudios se convierte en Rosel justo antes de alcanzar la calle de El Collado. El espacio urbano se hace diáfano ahora: en una de las aristas de la plaza del Rosel y San Blas abre sus puertas la librería *Santos Ochoa*, y por ella conduce la calle Aguirre hacia la grandiosidad del **palacio de los Condes de Gómara** (▼ pág. 47). En otra esquina, asoportalada, la pastelería *Nueva York* (El Collado, 18), perfecta a todas horas para darse un respiro. Y al otro lado de los soportales de El Collado, la **escultura** en bronce **de Gerardo Diego**, objetivo de *selfis* y fotografías, invita a los paseantes a compartir mesa y lectura.

Estamos frente a la fachada acristalada del Círculo de Amistad Numancia, popularmente conocido como El Casino, una institución que supera el siglo y medio de vida y en cuya tercera planta abre desde 2011 la **Casa de los Poetas**, un museo dedicado a todos los que inmortalizaron a Soria con sus versos y, en especial, a don Antonio Machado, Gerardo Diego y Gustavo Adolfo Bécquer.

❙ PLAZA MAYOR   ✱✱

El Collado, con su aliento de larga rúa medieval, desagua en la Plaza Mayor. A su paso va dejando viejos y nuevos comercios. También algunas cafeterías como *Tribeca*, en la esquina con San Juan, para-

▲ Plaza Mayor y fuente de los Leones.

da idónea para hincarle el diente a esos deliciosos torreznos con Marca de Garantía que abundan en las barras de la capital.

La Plaza Mayor es el núcleo principal de la vieja Soria. Un ágora ancha, solitaria, cuadrangular y ecléctica en la que se mezclan la historia y las gentes que llegan hasta la ciudad o que la cruzan a pie, desde las barriadas más próximas al Duero. En su centro hay una **fuente** de quita y pon, la **de los Leones,** un complejo ornamental del siglo XVIII al que acuden a refrescarse las palomas y poco más.

En la Plaza Mayor, antigua del Mercado, encuentra acomodo el **palacio de los Doce Linajes,** sede actual del **Ayuntamiento,** un edificio exento que enarbola en lo más alto de su fachada principal el escudo nobiliario, con representación de cada una de las casas que repoblaron Soria allá por el siglo XII. La parte inferior, bajo los balcones, muestra una galería porticada con arcos de medio punto.

A su costado, salvada la exigua calle del Pósito, se levanta el antiguo **palacio de la Audiencia,** obra neoclásica de finales del XVIII que ahora es centro cultural municipal y **teatro,** pero que ejerció las labores de ayuntamiento, cárcel y juzgado. Presidiendo su esbelta fachada se encuentra el reloj que cantara Antonio Machado en sus poemas sorianos.

Unos pasos más atrás del vetusto palacio se erige la **torre de Doña Urraca,** del siglo XV, perteneciente al linaje de los Beteta. Cuenta la leyenda popular, tal y como publicó Mariano Granados en

● B3
Ayuntamiento (palacio de los Doce Linajes)

● B3
Palacio de la Audiencia (Centro cultural y Teatro)
✉ Plaza Mayor, s/n.
☎ 975 234 114.
🖰 www. teatropalaciodela audiencia.com
🕐 De lunes a sábado, de 12 h a 14 h y de 19 h a 21 h.

El tren Campos de Castilla

Viajar en tren es recobrar el gusto por el disfrute de los paisajes, por el trayecto como parte intrínseca de la aventura de viajar. En un tiempo cuadriculado por las autovías y el *low cost,* en que lo único que parece importar es lo que se tarda en llegar al destino, el Ayuntamiento de Soria en colaboración con Renfe ha dado una vuelta de tuerca a una apuesta turística similar a la que ya existía en otros destinos nacionales con la puesta en marcha del tren Campos de Castilla, que realiza un viaje de dos días por la cultura, la historia, la naturaleza y la gastronomía sorianas.

Se trata de un tren *teatralizado* que nació para conmemorar el centenario de la publicación de la obra poética que nos legó don Antonio Machado, y que en las temporadas que lleva en funcionamiento se ha convertido en una de las alternativas más atractivas para descubrir las riquezas que atesora Soria. Un grupo de actores se encarga de que el viajero disfrute durante el trayecto de ida desde Madrid mediante una curiosa, divertida y amena representación teatral que aúna tradiciones, leyendas y anécdotas sorianas, desde los poemas más conocidos de Machado o la leyendas más populares y tenebrosas de Bécquer hasta la historia de Teresa de Jesús en una de las fundaciones que hizo en la capital provincial. Hosteleros sorianos reciben a los viajeros del tren con una degustación de productos típicos de Soria en la misma estación de destino, para que conozcan de primera mano todas estas delicias culinarias.

La primera jornada del viaje se culmina con un recorrido guiado por la Soria machadiana y por sus principales monumentos al pie del Duero. El segundo día, los viajeros se desplazan a dos de los puntos turísticos de mayor interés provincial: las ruinas de Numancia y la Laguna Negra. Este tren turístico funciona los meses de julio, septiembre, octubre y noviembre, parte desde la madrileña estación de Chamartín y realiza paradas para recoger turistas en Alcalá de Henares y Guadalajara.

· · · · · · · · ·

Tren Campos de Castilla
www.soriavacaciones.es
www.renfe.com
Madrid-Soria: sábados
a las 8.14 h. Soria-Madrid:
domingos a las 19.10 h.
Desde 165 € por persona.

· · · · · · · · ·

B3
**Iglesia de Nuestra Señora
de la Mayor**
Mayor, 2.
975 340 319.
En horario de culto.

1924, que aquí estuvo encerrada la reina doña Urraca en 1111, pero no hay constancia documental alguna de tal hecho.

Entre el Palacio de la Audiencia y la **iglesia de Nuestra Señora de la Mayor,** es decir, por la calle Sorovega, la ciudad regala esplendorosos amaneceres en verano (al que madruga, claro). El templo de Nuestra Señora de la Mayor ocupa el solar de otro anterior de factura románica, el de San Gil. Delante de la portada del mediodía está situado el **Rincón de Leonor,** con una **escultura** que recuerda a la esposa de don Antonio Machado. Las obras de acondicionamiento del entorno fueron sacando a la luz algunas partes del primitivo templo, así como de la capilla de los Calderones, de factura gótica, y la necrópolis de la misma. El templo solo es visitable en horario litúrgico.

Al costado derecho de la iglesia se encaja la **Casa del Común,** bajo la que discurre el arco del Cuerno. El edificio, muy remodelado, custodia en su interior el Fuero Real otorgado a Soria a mediados del siglo XIII por Alfonso X.

Siguiendo por la acera de la Casa del Común, el paseante encontrará restaurantes y tabernas que durante los meses de climatología más benigna despliegan terrazas a un lado de la fuente de los Leones, dando algo de vida nocturna a la plaza.

DESDE LA PLAZA MAYOR HASTA EL DUERO

| PALACIO DE LOS CONDES DE GÓMARA   ✳

Desde la Plaza Mayor, retrocediendo por la parte baja del Collado, se llega de nuevo a la **plaza del Rosel y San Blas**. En el centro de la misma hay una monumental farola rodeada por un basamento circular a modo de sotabanco y, en él, los escudos de los ya mencionados Doce Linajes repobladores de Soria.

Plaza a la que el gracejo popular bautizó como *la de la tarta,* San Blas y El Rosel, correcta denominación del lugar según el cronista Miguel Moreno, alude con su nombre al de una de las cuadrillas sanjuaneras: *San Blas* por la ya desaparecida casa de San Blas, edificio en el que solía reunirse el cabildo de curas de la ciudad y que, en palabras de Gaya Nuño, era el "único del románico civil que se conservaba en la ciudad", y *El Rosel* por una imagen de la Virgen del Rosel que se veneraba en la cercana parroquia de Santa María.

▲ El Rincón de Leonor, delante de la iglesia de Nuestra Señora de la Mayor.

· · · · · · · ·

🕐 B2-3
Palacio de los Condes de Gómara
🕐 No visitable.

▼ Palacio de los Condes de Gómara.

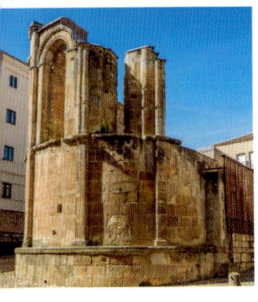

▲ Ruinas de la iglesia de San Nicolás.

Frente a la farola del chascarrillo se hunde la calle Zapatería y, un poco más a su izquierda, nace la de Aguirre. Por esta última se llega al **palacio** más majestuoso de los que se conservan en la ciudad: el **de los Condes de Gómara,** que en la actualidad ejerce las funciones de Palacio de Justicia. Pese a ser el edificio renacentista más vistoso de la ciudad no se puede visitar, así que el paseante deberá contentarse con la contemplación de su fachada desde el exterior. Fue mandado erigir por un poderoso ganadero, Francisco López de Río y Salcedo, que llegaría a ser alférez mayor de Castilla durante el reinado de Felipe II, iniciándose su construcción en 1577. Las obras duraron quince años. Los López de Río, señores de Almenar, obtuvieron el título de condes de Gómara en 1692, reinando Carlos II, por lo que al palacio se lo empezó a conocer por dicho nombre desde entonces y hasta hoy.

El conjunto, recio y armonioso, se agrupa en dos cuerpos: el primero está situado en el lado oeste, por el que se abre la arcada que comunica con la calle Arco de los Condes de Gómara, y en su otro extremo ofrece la puerta palaciega, plateresca, con un escudo que sostienen dos Hércules toscamente tallados. Grandes balcones coronados de frontón recorren el segundo piso del cuerpo y, sobre ellos, una galería de huecos separados por pilastras. El otro cuerpo, a la derecha de la puerta, muestra una doble arquería en las dos plantas superiores: la del primer piso con 12 arcos de medio punto apoyados sobre columnas clásicas y, la del segundo piso, con otros 24 de menor tamaño. El cuerpo acaba en una recia torre de planta cuadrada a cuyos pináculos suelen anclarse las cigüeñas para dominar los tejados de la ciudad.

❘ HACIA LAS RUINAS DE SAN NICOLÁS   ✳

Volviendo sobre nuestros pasos hasta la plaza del Rosel y San Blas, la urbe comienza un continuado descenso hacia el Duero por la calle Zapatería, entre el Mirón y el castillo. Zapatería, nombre de esencia gremial donde los haya, es una de las pocas rúas con trazas medievales que le quedan a la ciudad. Por ella se ahonda la Soria más vieja hasta la plaza de Fuente Cabrejas. En Zapatería sobreviven, maltrechas, algunas fachadas y balcones. También algún local de ocio que pone algo de remedio a la soledad de sus noches.

Hasta la plaza de Fuente Cabrejas también se puede llegar por el hondón que hace la calle Aguirre a los pies del palacio de los Condes de Gómara. Se

• • • • • • • •
Ⓜ B3
Ruinas de San Nicolás

rodea la plaza de don Ramón Ayllón, antaño conocida como plaza del Carmen, y en silencioso zigzag se desemboca en Fuente Cabrejas. Aquí permanece desde que lo fundara Teresa de Jesús, el 14 de junio de 1581, el **convento de las Carmelitas Descalzas.**

A la plaza de Fuente Cabrejas, y también a parte del monasterio, da la fachada del que fuera **palacio de doña Beatriz de Beaumont,** construido en el siglo XVI y de factura herreriana. Edificada el resto de la plaza con anodinos edificios de los años sesenta y setenta del pasado siglo, el convento es testigo mudo de cómo la parte antigua de Soria se desmenuzó ante el desdén de la dejadez y el olvido.

En la plaza nace la calle Real, continuación de Zapatería, que no conserva nada de su pasado insigne salvo las **ruinas de la iglesia de San Nicolás,**

Rutas por el Duero
www.turismodesoria.com
Ruta de la Sierra
de Santa Ana.
Distancia aproximada:
3,2 km (ida). Desnivel:
228 m. Dificultad: media.
Punto de inicio y fin: Centro
de Recepción de Visitantes
El Fielato.
Ruta de Valhondo.
Distancia aproximada:
6,2 km (ida). Desnivel:
inapreciable. Dificultad:
media-baja. Punto de inicio
y fin: Centro de Recepción
de Visitantes El Fielato.

Un río para caminarlo

Pese a su posición periférica respecto al centro de la ciudad, el Duero es un río cuyas márgenes ofrecen interesantes posibilidades de ocio para locales y foráneos. Hay dos equipamientos municipales situados en su orilla derecha. En primer lugar, el **Ecocentro,** que ocupa la conocida como Casa del Carbonero, en el paseo de San Prudencio, enfrente de la pradera de San Polo. Es un pequeño centro de educación ambiental desde el que se organizan talleres, rutas y otras actividades deportivas. Por su parte, el Molino del Medio, ubicado en el paraje de Soto Playa (con su embarcadero y restaurante), acoge las instalaciones del **Museo del Agua,** un espacio donde se muestra el funcionamiento de este antiguo ingenio hidráulico, además de proyectarse un audiovisual sobre el uso del agua en la historia de Soria (hasta 1904 en la ciudad no hubo agua corriente en las viviendas). Por aquí discurren también varias de las sendas habilitadas por las orillas del Duero, como las que llegan a los miradores de Valhondo y Valdebecerro. Desde el **Centro de Recepción de Visitantes El Fielato,** junto a San Juan de Duero, hay una senda que llega hasta la presa del Peregrinal y que puede enlazarse con la Vía Verde que pasa por Garray.

salvada de la piqueta décadas atrás por decisión del mismo obispado que vendió la de San Clemente, en el Tubo. La de San Nicolás era de factura románica, originaria del siglo XII, y ya salía mencionada en el censo que ordenó Alfonso X el Sabio en 1270. Ante su progresivo deterioro, su portada se trasladó en 1908 a la de San Juan de Rabanera y recientemente se ha habilitado como espacio cultural, con un pequeño auditorio al aire libre (actualmente en restauración). Se conservan, protegidas por un cristal, unas pinturas murales protogóticas que muestran el asesinato de Santo Tomás de Canterbury.

❙ CONCATEDRAL DE SAN PEDRO ★★

La calle Real desemboca en la de las Postas. A la izquierda, la vieja N 234 desciende hacia los álamos y el puente de piedra sobre el Duero. Unos metros más atrás se encuentran el parque de la Arboleda y el moderno cuartel de la policía municipal, cuya entrada principal corresponde al antiguo convento de Concepcionistas.

Frente a Postas asoma la rotunda torre de la concatedral de San Pedro. De origen románico, fue lentamente reedificada a partir de 1520, adoptando el estilo de iglesia columnaria. Una bella portada plateresca permite acceder al templo, formado por tres naves góticas alzadas sobre columnas cilíndricas y cubiertas por bóvedas estrelladas de igual altura. El interior resulta equilibrado y espacioso, y en la cabecera conserva parte de la primitiva fábrica románica.

El conjunto alberga valiosas obras barrocas y platerescas en capillas, retablos y altares, entre los

• • • • • • • •

A-B3
Concatedral de San Pedro
- ✉ Plaza de San Pedro, s/n.
- ☎ 975 225 891.
- ◷ Julio y agosto abierto de martes a sábado, de 11 h a 13.30 h y de 18 h 20 h. Domingo de 11 h a 13.30 h. Resto del año consultar.
- ◷ Concatedral: gratuita. Claustro: 2 €.

▼ Claustro de la concatedral de San Pedro.

que sobresale el **retablo del altar mayor** (1578), realizado por Francisco del Río con clara influencia de Juni (que fue restaurado en 2009 y ha recuperado su preciosa policromía original) y un tríptico flamenco de la Crucifixión (1559) situado en la escalinata de acceso al claustro.

Sobrevive el **claustro** románico, aunque incompleto tras las obras de reconstrucción del templo, ya que uno de sus lados se derruyó para ampliar la nave, con elegantes arquerías que se apoyan sobre columnas pareadas provistas de capiteles historiados y alegóricos, de influencias orientales y con escenas bíblicas y el imprescindible bestiario medieval. Se adosó al costado norte de la iglesia primitiva en el siglo XIII y es, probablemente, uno de los más bellos de España: el Císter destila en muchas de sus características arquitectónicas y decorativas.

En el muro este del claustro puede verse una puerta, con el intradós polilobulado y arquivoltas semicirculares sobre dos parejas de columnas con capiteles finamente decorados, que daba acceso a la antigua sala capitular de la comunidad de canónigos agustinos, actualmente capilla de San Saturio. En 2009 fue sede de la exposición *Las Edades del Hombre,* acometiéndose con tal motivo diversas obras de restauración.

▲ Capiteles del claustro de la concatedral de San Pedro.

ERMITA DE LA VIRGEN DEL MIRÓN ✱

Por el costado este de San Pedro arranca el camino de la Santa Cruz que conduce, a través del paseo del Mirón y tras una empinada subida, hasta la ermita barroca de la Virgen del Mirón. Este recorrido compone uno de los recorridos machadianos por Soria: el poeta paseaba por aquí a su enferma esposa, Leonor, en busca de una sanación que nunca llegó.

La primitiva iglesia (siglo VI) era de las más antiguas de la capital y también figuraba en el censo de Alfonso X el Sabio (1270). El declive demográfico en la ciudad y los pueblos adyacentes la degradó a categoría de ermita asociada a la desaparecida iglesia de San Clemente.

El actual santuario se erigió en 1725, aunque conserva el primitivo ábside románico y la venerada talla de la Virgen, de idéntica factura. Hermanada con la ermita de San Saturio, frente a la fachada se mandó colocar en 1755 una columna de piedra con un busto del santo patrón de estilo churrigueresco. A su lado se levanta uno de los hoteles más conocidos de la ciudad: el *Leonor Mirón.* Las panorámicas sobre la hoz del Duero, con la sierra de Alba al fondo, son magníficas.

⊕ A3
Ermita de la Virgen del Mirón

• • • • • • • • •

⊙ A4
Claustro de San Juan de Duero
✉ Pº de las Ánimas, s/n.
☎ 975 230 218.
⊙ De febrero a junio y octubre, de 10 h a 14 h y de 16 h a 19 h. De julio a septiembre, de 10 h a 14 h y de 16 h a 20 h. De noviembre a enero, de 10 h a 14 h y de 16 h a 18 h. Domingo y festivo de 10 h a 14 h (todo el año). Lunes cerrado.
🎟 1 €. Gratis sábado, domingo y festivos.

• • • • • • • • •

⊙ A4
Centro de Recepción de Visitantes El Fielato. Centro de Interpretación de la Historia de Soria y el Duero
✉ Nuestra Señora del Puente, s/n.
☎ 975 211 492.
🖥 www.turismosoria.es
⊙ Mayo, junio, de mediados de septiembre a 1 de noviembre: viernes de 16 h a 19 h; sábado de 10 h a 14 h y de 16 h a 19 h; domingo de 10 h a 14 h.
Semana Santa, julio, agosto y hasta mediados de septiembre: de martes a domingo de 10 h a 14 h y de 16 h a 20 h.
Lunes cerrado.

▌**SAN JUAN DE DUERO**   ******

La visita a Soria no sería completa sin un paseo junto al Duero, espacio que evoca a la perfección la relación de los poetas con el paisaje y la ciudad.

La calle de San Agustín, solapada con la N 234, despide al arrabal entre edificios abandonados y huertos en las junqueras y álamos del Duero. En 2022 se consolidó el lienzo de muralla entre el puente y el cerro del Mirón, a la izquierda.

El río se cruza a pie o en coche por el **puente de piedra,** de incierta datación, aunque ya se tiene constancia del mismo a mediados del siglo XII.

A la izquierda del mismo nace la SO-P 1001, carretera que conduce hacia Almajano. Aquí se sitúa el **Centro de Recepción de Visitantes El Fielato,** con un centro de interpretación dedicado a la historia de la ciudad. Se trata de un antiguo almacén de grano ubicado junto a un pequeño parque y una

terraza animada en verano, pegado a la escultura en homenaje a Bécquer y el acceso al aparcamiento del antiguo **monasterio de San Juan de Duero**.

En palabras de Dionisio Ridruejo, San Juan es "la ruina por excelencia, preciosa, evocadora". Poco se conoce de la historia de este cenobio que construyera la Orden de los Hospitalarios de San Juan de Acre en el siglo XII. Eso sí, su claustro, lo que queda de él, resulta ser el mejor "manifiesto orientalizante" del románico soriano. También hay trazas de los caballeros cruzados en los dos templetes cubiertos por cúpulas persas del interior de la iglesia, con la fantasía tallada en la piedra de los capiteles. De la iglesia, sin mayor interés, se sale con la boca abierta y, el claustro, desnudo ante las inclemencias de la meteorología y los siglos, mantiene el encanto de los lugares mágicos. Los arcos de San Juan de Duero son una de las señas de identidad de Soria.

▼ Arquerías del claustro románico de San Juan de Duero, emblema de la ciudad.

► Interior de la iglesia del monasterio de San Juan de Duero.

● B4
Ermita de San Polo

● D4
Ermita de San Saturio
☎ 975 180 703.
● De enero a marzo y de noviembre a diciembre, de 10 a 14 h y tardes de viernes y sábado de 16.30 h a 18.30 h. De abril a junio y de septiembre a octubre, de 10 a 14 h y de 16.30 h a 19.30 h. Julio y agosto, de 10 a 14 h y de 16.30 h a 19.30 h. Domingos, todo el año, de 10 a 14 h. Lunes cerrado.
🖲 Entrada gratuita.

● C4
Ecocentro
✉ Pº de San Prudencio, s/n.
☎ 625 338 153.
🖰 www.turismosoria.es
● Visitas previa reserva a Biosfera Soria.
🖲 Entrada gratuita

❙ ERMITAS DE SAN POLO Y SAN SATURIO ＊
Por San Polo y San Saturio el Duero recobra su aliento de río roquero, corriendo a cobijarse bajo la sierra de Peñalba, conocida popularmente como de Santa Ana.

La **ermita** románica **de San Polo** es propiedad particular, pero la pequeña carretera asfaltada que parte de la N 234 la atraviesa por un angosto túnel.

Sobrepasado el conjunto asoma, entre los álamos, la geometría del vetusto **puente de hierro** de la desahuciada línea ferroviaria Santander-Mediterráneo, otra de las cicatrices del frustrado desarrollo castellano en la década de los treinta del siglo pasado.

Entre álamos y poemas se llega a la **ermita de San Saturio.** Barroca, construida entre 1699 y 1703 por Julián y Domingo Izaguirre, tiene planta octogonal alargada y una cubierta rematada por linterna. El templo se erigió en el mismo lugar en el que por 1148 se levantaba la ermita de San Miguel de la Peña. El edificio cuenta, además del entramado de cuevas donde se supone que vivía el anacoreta, con un pequeño **centro de interpretación** donde se da señal de la vida de San Saturio.

❙ PARQUE DEL CASTILLO DE SAN PEDRO ＊
A los pies de San Saturio una pasarela cruza el río y desemboca en el paseo de San Prudencio. La zona se ha recuperado no hace muchos años para el disfrute de paseantes y deportistas.

El recorrido pasa cerca de las instalaciones del **Ecocentro,** centro de interpretación medioambiental que también ofrece rutas organizadas, talleres y actividades educativas (dispone de servicio de alquiler de bicicletas).

Ya en la zona de **Soto Playa,** tradicional área de esparcimiento de los sorianos, se encuentra el

Museo del Agua, antiguo molino fluvial recuperado con toda su maquinaria original que ilustra sobre los usos que las aguas del Duero han tenido a lo largo de la historia de la ciudad.

Arriba, en el **parque del Castillo** se encuentran las instalaciones del **Parador de Turismo** de Soria, los restos de la fortaleza dinamitada en 1812 durante la guerra de la Independencia y una espacio municipal para exposiciones, la **Galería H2O** (al aire libre).

I IGLESIA DEL ESPINO

El recorrido complementario concluye junto al cementerio, en la calle Santiago, donde se levanta la **iglesia de Nuestra Señora del Espino,** de estilo plateresco, con una sola nave y dos capillas laterales. Frente a ella se sitúa el **Olmo Seco** que loara don Antonio Machado. En el camposanto recibió sepultura Leonor Izquierdo, su joven esposa. Junto a la tumba se encuentra la **capilla de Leonor,** donde se homenajea su figura.

Luego, la misma calle de los Caballeros o la del Pósito, conducen de regreso al centro de la ciudad.

B4
Museo del Agua
✉ Molino del medio. Paseo de San Prudencio, s/n.
☎ 625 338 153.
🖥 www.turismosoria.es
🕐 Solo visitas concertadas.

B-C3-4
Parque del Castillo de San Pedro

B4
Parador de Turismo

C3
Iglesia de Nuestra Señora del Espino y **Olmo Seco**

▼ Vista de la ermita de San Saturio desde el Duero.

Excursiones
por la provincia
de **Soria**

Reserva Nacional de la Sierra de la Demanda

Sta. Cruz de J. · Pineda de la S. · El Manquillo · Barbadillo de Herreros · Valdezcaray · Est. inv. Valdezcaray · Valvanera · Anguiano · Nieva de C. · El Rasillo · Ortigosa

Palazuelos de la S. · Valle del Sol · S. de Mencilla · Demanda · de S. Lorenzo · Coto N. de Ezcaray · Ollano

Revilla del Campo · Tinieblas · S. Millán de Lara · Barbadillo del Pez · Canales · Mansilla · Tabladas · Ventrosa · Brieva de C. · Villoslada de Cameros

Tañabueyes · Campolara · Jaramillo de la Fuente · Vizcaínos · Huerta de Abajo · Villavelayo · Viniegra de Abajo · Pto. de Montenegro de Cameros

Hortigüela · Barbadillo del Mercado · Hoyuelos de la S. · Monasterio de la S. · Huerta de Arriba · Neila · Viniegra de A. · Montenegro de Cameros

Contreras · Salas de los Infantes · Mirador de S. Francisco · Reserva Nacional de la S. de la Demanda · Picos de Urbión · Hoyos del Iregua

Hacinas · Castrillo de la Reina · Palacios de la S. · Quintanar de la S. · Castroviejo · Laguna Negra · Quintanarejo

Sto. Domingo de Silos · Moncalvillo · Vilviestre del Pinar · Regumiel de la S. · Duruelo de la Sierra · Covaleda · Vinuesa · Molinos de Duero

Mamolar · Pinilla de los Barruecos · Rabanera del Pinar · Canicosa de la S. · Pto. del Hierro · Reserva Natural de Urbión · Salduero

Espinosa de Cervera · Arauzo de Miel · Espejón · Hontoria del Pinar · S. Leonardo de Yagüe · Navaleno · Pto. Mojón Pardo · Abejar · Herreros

Sta. Mª de Mercadillo · Caleruega · Huerta del Rey · Casarejos · Talveila · Cabrejas del Pinar · Villacier

Tubilla del Lago · Arauzo de Torre · Quintanarraya · Espeja de S. Marcelino · Sta. Mª de las Hoyas · Cubilla · Muriel de la Fuente · Muriel Viejo

Baños de Valdearados · Coruña del Conde · Guijosa · Fuencaliente del Burgo · P.N. del Cañón del Río Lobos · Calatañazor · Blacos · Navafría la Llana

Hontoria de Valdearados · Arandilla · Alcubilla de Avellaneda · Fuentearmegil · Ucero · Valdemaluque · Torreblacos · Rioseco de Soria · Fuentelárbol

Zazuar · Brazacorta · Villálvaro · Berzosa · Sotos del Burgo · Torralba del Burgo · Fuentepinilla

Peñaranda de Duero · Bocigas de Perales · Rejas de S. Esteban · Matanza de Soria · Osma · Valdenarros · Valdenebro · Valderrodilla · Andaluz

La Vid · El Cubo · Alcozar · Soto de S. Esteban · El Burgo de Osma · Bayubas de Abajo · Rebollo de Duero

Langa de Duero · S. Esteban de Gormaz · Usama Argacela · Quintanas de Gormaz · Velamazán

Valdanzo · Aldea de S. Esteban · Peñalba · Atauta · Gormaz · Recuerda · Berlanga de Duero · Ciruela · Caltojar

Castillejo de Robledo · Miño de S. Esteban · Piquera de S. Esteban · Fresno de Caracena · Marquesado de Berlanga · La Riva de Escalote

Aldeolengua de Sta. Mª · Torremocha de Ayllón · Morcuera · Brias · Arenillas · Rello

Languilla · Carrascosa de Abajo · Nograles · Alalo · SO 132 · Torrevicente

Riaguas · Ayllón · Cuevas de Ayllón · Montejo de Tiermes · Caracena · Tarancueña · Retortillo de Soria · Romanillos de Atienza · Barcones

Corral de Ayllón · Sta. Mª de Riaza · Líceras · Estebanvela · Santibáñez de Ayllón · Miedes de Atienza · Hijes · Paredes

Ribota · Valvieja · Villacorta · Ruinas Romanas · Romanillos de Atienza · Cincovillas · Alcolea de las Peñas

Madriguera · Grado del Pico · Campisábalos · Condemios de Abajo · Albendiego · Tordelloso · Atienza · Cercadillo · Riofrío del Llano

Riaza · Riofrío de Riaza · P.N. del Hayedo de Tejera Negra · Cantalojas · Galve de Sorbe · Condemios de Arriba · Miedes de Atienza · Rebollosa de Jadraque · Palazuelos

Cerezo de Arriba · La Pinilla · Pto. de la Quesera · S. de Ayllón · S. del Ocejón · Majaelrayo · Aldeanueva de Atienza · Robledo de Corpes · La Bodera · El Atance

P. del Lobo · La Huerce · Umbralejo · Ocejón · Hiendelaencina · La Toba · Negredo · Baides · Sigüenza

Colmenar de la S. · Prádena del Rincón · Berzosa del Lozoya · Retiendas · Tamajón · Arbancón · Veguillas · Membrillera · Mandayona · Algo

Puebla de la S. · La Mierla · Reserva Nacional de Caza de Sonsaz · Congostrina · Pálmaces de Jadraque · Huérmeces del Cerro

Excursiones
por **Soria**

La provincia de Soria, con 10 306 km^2 de superficie, atesora una riqueza paisajística enorme. Y es, también, la más despoblada del país: con apenas una densidad demográfica de 8,69 habitantes por km^2, en Soria viven 88 747 personas, de las que 39 450 lo hacen en la capital. En mitad de la sangría poblacional que asola este territorio desde hace siglos, las infraestructuras tardan en modernizarse: hace pocos años se cerró el engarce de la A 2 con la A 15, autovía que por Almazán y Medinaceli acortó en tiempo la distancia de Soria con Madrid y Zaragoza, pero la llamada *Autovía del Duero A 11*, que enlazaría la ciudad con Aranda de Duero y la A 1, lleva en ejecución desde principios de los noventa entre las denuncias y protestas de la activa plataforma ciudadana *Soria ¡Ya!* Junto a este desolador contexto, la naturaleza bulle en su belleza y Soria cuenta con varias zonas catalogadas en la Red de Espacios Protegidos de Castilla y León: dos parques naturales, el Cañón del río Lobos y la Laguna Negra y los Circos Glaciares de Urbión, dos reservas naturales, las del Sabinar de Calatañazor y el Acebal de Garagüeta, y un monumento natural, La Fuentona de Muriel. Su riqueza patrimonial, etnográfica y micológica la convierten en un apetecible destino para todas las edades: una fiesta para los sentidos en cualquier época del año.

La pequeña Suiza.
Los valles del Razón, Tera y Razoncillo

Los valles de estos tres ríos conforman un primer itinerario, cercano a la capital y de no muchos kilómetros, que servirá para romper esquemas: los de la Castilla árida y plana que alentó el pesimismo de los escritores del 98. Al valle *se lo conoce, y no sin razón, como* La pequeña Suiza.

HACIA HINOJOSA DE LA SIERRA

Se trata de una ruta circular que proponemos afrontar de este a oeste siguiendo el curso natural de los ríos que la acompañan.

Hay que dejar Soria por la N 234 camino de **Abejar** y Burgos, por *Valonsadero*. Este monte público, donado por Alfonso VIII a la ciudad, es pieza fundamental en las celebraciones de San Juan. Declarado Bien de Interés en 1994, atesora 35 **estaciones de arte rupestre**, un **centro de interpretación** y un área de esparcimiento con un popular restaurante. Junto a Valonsadero, por la SO-P 5029, se llega hasta **Fuentetoba** y su espectacular *cascada.*

De nuevo en la N 234, antes de llegar a **Toledillo** (a 10 km), aparece a la derecha de la carretera el desvío que por la SO 800 conduce hacia **Pedrajas** y **Oteruelos**. Entre ambos pueblos se sitúa el **Club de Golf Soria**, que dispone de 18 hoyos y es uno de los pocos campos de este deporte en España diseñado en un entorno de montaña, por encima de los 1100 m de altitud. Cuenta con una escuela y organiza cursos y clases para todas las edades (incluidos niños).

La misma SO 800 salva el cauce del aún naciente Duero y llega hasta **Hinojosa de la Sierra,** en la vega del Cintora, la primera perla monumental del itinerario. A las evocadoras ruinas de su castillo, levantado en el siglo XV, le acompañan una iglesia de origen románico y un precioso **palacio** renacentista construido a finales del siglo XVI por los Hurtado de Mendoza, de propiedad privada. El **templo,** bajo la advocación **de Nuestra Señora de la Asunción,** conserva en su exterior una puerta lateral tapiada con una arquivolta de genuino sabor románico. En el interior luce un magnífico artesonado que aboveda el prebisterio y un retablo mayor obra de Martín González de Ledesma. La talla de la Virgen de la

Planificación de las excursiones

La distribución comarcal que agrupa administrativamente a los 183 municipios sorianos hace muy fácil subdividir el territorio provincial a efectos turísticos. A continuación proponemos **nueve itinerarios** que coinciden aproximádamente con las comarcas sorianas. Cualquiera de estas nueve excursiones puede ser abordada desde la capital o combinarse entre sí, pero, salvo para el viajero extremadamente concienzudo, todas ellas pueden realizarse sin dificultad en una sola jornada.

El **mapa de carreteras** (págs. 58-59) será de mucha utilidad para planificar los desplazamientos.

Las **estrellas** (✱ o ✱✱) hacen referencia a la importacia o especial mérito natural, artístico o histórico de los lugares mencionados en este capítulo.

La laguna de La Serna

Situada en Hinojosa de la Sierra, entre el casco urbano y el cauce del río Duero, este humedal forma parte del sistema fluvial del río, un valle de 3 km de anchura media conocido como la Vega del Cintora que históricamente se inundaba con las crecidas estacionales del mismo. La Serna es, por tanto, un meandro abandonado del Duero con una extensión aproximada de 1 km^2 que suele llenarse con las sueltas del aliviadero del embalse de la Cuerda del Pozo (a partir de cuya construcción se terminó con el periódico ciclo de avenidas y la consiguiente inundación del terreno). La mayor parte de su superficie se utiliza hoy en día para pastos pero gracias a una autobomba que extrae agua de un pozo suelen permanecer inundadas unas 10 ha de la dehesa, lo que facilita la nidificación y presencia de aves acuáticas en la zona. Hay un observatorio de aves en sus inmediaciones.

· · · · · · · ·
**Laguna de La Serna
o de Hinojosa**
📷 http://lagunade
hinojosa.com

▼ El Royo.

Asunción es particularmente bella. La iglesia se sitúa a un costado de la desmantelada fortaleza, un **castillo** señorial del siglo XV confiscado por los Reyes Católicos a Fernando Pareja, noble caído en desgracia por su apoyo a Juana de Castilla y Alfonso de Portugal durante la Guerra de Sucesión.

Al pie del pueblo se encuentra la *laguna de La Serna,* humedal catalogado de interés por la Junta de Castilla y León.

❘ POR LA AVENIDA DE BUENOS AIRES
Hacia el norte, la SO 800 emboca el camino del *puerto de El Royo* por otros pueblos que, como Hinojosa, se agrupan bajo el ayuntamiento de **El Royo: Langosto** y Derroñadas. Al tramo que comunica El Royo con **Derroñadas** se le denomina *avenida de Buenos Aires.* Varias casonas con señoriales verjas lo jalonan. También fuentes públicas. Son enormes edificios que parecen haber sido trasplantados de otro continente al corazón de esta Castilla montañosa. Y todo se debe a los réditos de la emigración ultramarina que, a finales del siglo XIX y comienzos del XX, se llevó para América a muchos de los jóvenes de estos pueblos del valle y sus alrededores. En Buenos Aires crearon la Sociedad Filantrópica de El Royo y Derroñadas. Destacan las mansiones de Derroñadas, pero también se las puede encontrar, más o menos atusadas, entre **Valdeavellano de Tera, Aldehuela del Rincón** y Sotillo del Rincón. La vida en El Royo gira en torno al monumental **templo de Nuestra Señora de la Esperanza,** que en su interior cuenta con un retablo barroco obra de Francisco del Río, de 1618.

| HACIA LA LAGUNA DE CEBOLLERA

A partir de El Royo la carretera se empina y entra en las estribaciones del Sistema Ibérico y de la sierra Cebollera. En el km 18,7 de la SO 820 hay un desvío a la izquierda que conduce hasta un **Aula de Naturaleza,** y desde aquí hasta el *paraje de El Chorrón,* área de baño natural del río Razón, y al hayedo cercano.

Hay, también, un área recreativa en el km 17, ya en **Sotillo del Rincón,** pueblo repleto de casonas indianas y con una imponente playa fluvial que la carretera divide en dos barrios. En el barrio de Abajo de Sotillo se puede comprar el típico chorizo del valle o las mieles que, desde hace cinco generaciones trabajan los Gómez Zardoya.

Desde aquí la SO-P 6114 enlaza con **Molinos de Razón.** Huertas, prados, fuentes y un pintoresco caserío hacen del pueblo parada obligada de esta etapa. Además de una interesante oferta culinaria y de que el edificio de las antiguas escuelas acoge el **Museo y Centro de interpretación de la Mantequilla,** desde Molinos nace la pista forestal que conduce hasta uno de los secretos mejor guardados del valle: la *laguna* glaciar *de Cebollera,* situada a los pies del alto de Cueva Mayor. Tiene bastante menos fama que la Laguna Negra de Vinuesa pero la excursión, de alta montaña, merece igualmente la pena por la riqueza natural del entorno.

Desde Molinos hasta Valdeavellano un frondoso rebollar cubre el valle del Razón. Fue en esta zona donde se empezó a elaborar la afamada mantequilla de Soria, DOP, con su dulce sabor y su incierto porvenir.

| EL VALLE DEL TERA   ★★

La **ermita de Nuestra Señora de las Espinillas,** a las afueras de Valdeavellano de Tera, ocupa la ubicación de un antiguo castro celtíbero y bien merece un pequeño desvío antes de entrar a la población, ya en el valle del Tera.

Valdeavellano es el mayor núcleo de población del valle de Tera, y exhibe como monumento principal la **iglesia de Nuestra Señora de la Paz,** del siglo XV, templo gótico con un interesante retablo y la imagen de la titular, acarreada hasta Valdeavellano desde Toledo, según se afirma, por pastores trashumantes. De Valdeavellano procedía la familia del que fuera alcalde de Madrid, Enrique Tierno Galván y aquí se celebra, cada primer sábado de agosto, una *Jornada de la Mantequilla,* con diversas

Centro de Interpretación de la Mantequilla
✉ Antiguas Escuelas, s/n. Molinos de Razón.
☎ 686 122 193.

▼ Sotillo del Rincón.

▲ Laguna de Cebollera.

actividades musicales. Hay, también, un **Punto de Interpretación** con la recreación de una cocina y un establo típico del Valle.

La SO 820 atraviesa los núcleos de Rollamienta, Rebollar y llega a Tera, donde atraviesa el río que le da nombre y desemboca en la N 111.

En **Tera** conviene visitar la **casa palacio del Marqués de Vadillo,** del siglo XVI, y la **iglesia del Carmen,** de factura original románica, antes de atravesar la nacional y seguir hacia el este. Y en **Espejo de Tera** a principios de agosto se celebra un festival de música que ya alcanza las veinticinco ediciones.

EL ACEBAL DE GARAGÜETA ✱✱

Unos kilómetros más adelante, camino de **Matute de la Sierra** por la SO 620, nos encontramos con la **Casa Fuerte de San Gregorio,** a las afueras de **Cubo de la Sierra** (1,4 km). Gótica, del siglo XV, perteneció al linaje de los Medrano. El complejo arquitectónico cuenta con iglesia, claustro, muros almenados y tres torres y, en la actualidad, se utiliza para bodas y eventos.

El itinerario admite una extensión en dirección al *puerto de Piqueras,* por la N 111, para conocer **Almarza,** villa distinguida y serrana que atesora un importante caserío. Y bien puede concluir en **Arévalo de la Sierra,** donde, 8 km hacia el norte, se encuentra el *acebal de Garagüeta,* declarado Reserva Natural y uno de los más extensos bosques de acebo del Sistema Ibérico: esta bella especie protegida forma aquí un bosque continuo con una extensión de más de 400 ha. La **Casa del Parque,** en Arévalo, inaugurada en 2014, actúa como centro de interpretación del acebal y su entorno. Junto a la senda que conduce al acebal está el **castro** celtíbero **del Alto de la Cruz.**

Casa del Parque del Acebal de Garagüeta
✉ Bajera 3 y 5.
   Arévalo de la Sierra.
☎ 650 979 358.

Las Tierras Altas.
Icnitas y Paso del Fuego

El noreste provincial, un intrincado horizonte de sierras y soledades, alcanzó el esplendor gracias a su cabaña de ovejas merinas durante los siglos en que el Honrado Concejo de la Mesta regía los destinos del reino. Pueblos con pocos vecinos, yacimientos de icnitas y tradiciones milenarias esperan al viajero.

| CAMINO DE MAGAÑA

Proponemos iniciar este recorrido en el puente de piedra sobre el Duero de la capital soriana, junto a los arcos del claustro de San Juan. La guía es la que marca la SO-P 1001 en dirección a Almajano y Magaña (a 38 km de Soria).

Almajano, señorial, ejerce de auténtico cruce de caminos entre el Campo de Gómara y las localidades más meridionales de las Tierras Altas. Ubicado en la vega del Merdancho, curso fluvial que desemboca en el Duero un poco más allá de Garray, en su caserío asoman varias **casonas** blasonadas, adinteladas de sillar, en las que ya se intuye el trazo de la Mesta. Destaca la **de los Salcedo,** del siglo XVI, amurallada, con almenas y galería de arcos de medio punto y capiteles dóricos. El **templo de San Andrés Apóstol** también data del siglo XVI, es de estilo gótico y en su interior cuenta con un retablo realizado en 1597 por Pedro de Ciarte. La amplia torre campanario se modificó a comienzos del XX.

Almajano es territorio cinegético, y así lo comprobará el viajero al afrontar los intrincados 6 km

▼ Vista de Magaña y del castillo de la Nava del Marqués.

que lo separan de La Losilla por un sotobosque de encina y roble. Luego, entre Pobar y Villarraso, el paisaje se eleva y torna definitivamente pardo y ralo, estepario, antes de llegar a Magaña. El itinerario por la comarca de las Tierras Altas tiene aquí su primera parada.

Magaña pertenece a la cuenca del Alhama, río que junto con el Cidacos enseñorea, entre la primavera y el otoño, las vegas y barrancos de esta tierra desolada, aunque ambos cauces alcanzan más fama en la vecina Rioja. El de Magaña es territorio de ausencias y despoblados, de baldías terrazas en torno al cerro que domina el caserío y la vega desde los restos del **castillo de la Nava del Marqués,** cuyas piedras remiten al siglo XV y, más atrás, a una atalaya bereber de vigilancia. El pueblo, de rojos tejados, se arremolina bajo la torre de la **iglesia de San Martín de Tours,** de ábside poligonal y nave única, que en su interior custodia una talla románica de la Virgen procedente de la desahuciada ermita de Barruso.

❚ DINOSAURIOS E IGLESIAS ROMÁNICAS   ✳

En Magaña nos incorporamos a la SO 630 en dirección noroeste para alcanzar, en 8 km, **Fuentes de Magaña.** A las afueras de esta población se encuentra el **yacimiento paleontológico de Miraflores,** con unas 300 huellas fósiles de dinosaurios. Corona el lugar el *Dinopincho,* posiblemente la reproducción del saurópodo más grande del mundo.

Cerbón y su **parroquial de San Pedro Apóstol** es desvío obligado desde Fuentes de Magaña. El templo tiene factura de románico rural, sencillo y tosco, pero conserva en su interior la estructura original de finales del siglo XII, con dos bóvedas paralelas separadas entre sí por un gran arco y, en el exterior, dos ábsides gemelos con ventanas en aspillera. Para observar ambos ábsides hay que adentrarse en el pequeño camposanto adosado a la iglesia. La cornisa, decorada con canecillos, transpira idéntica sencillez.

La densidad de población en las Tierras Altas es de 2 habitantes por km². "Se nos quedan los cementerios pequeños", afirma Toño Arroyo, párroco que enseña esta iglesia y la cercana de **Valtajeros, templo-fortaleza** en advocación a **Nuestra Señora del Collado,** también del siglo XII. Su ábside es cuadrangular: el muro este se prolonga en espadaña mientras que los otros lados se coronan de almenas orientadas al Moncayo. El caserío conserva también rollo y lavadero.

▲ El *Dinopincho,* en el yacimiento de Miraflores (Fuentes de Magaña).

| SAN PEDRO MANRIQUE Y EL PASO DEL FUEGO ✱✱

La SO 630 continúa hacia el norte atravesando cerrados bosques de pino. La actuación del Patrimonio Forestal del Estado en la década de 1960 dio la puntilla a muchos de los pueblos de esta comarca. Los vecinos se vieron obligados a vender sus tierras para una repoblación que prometía revitalizar el entorno y que luego se quedó en nada. En la aldea de Valdelavilla se rodó la serie "El Pueblo", de Mediaset, lo que la ha convertido en un lugar de peregrinaje.

San Pedro Manrique es el pueblo con más habitantes de la comarca (643 en 2022). Conserva una pujante industria cárnica y dos de las *fiestas* más ancestrales, sencillas y emocionantes del solsticio de verano, la *del Paso del Fuego* y *Las Móndidas.* Se celebran los días 23 y 24 de junio desde tiempos inmemoriales y los especialistas ven en ellas vestigios de ritos anteriores a la dominación romana, rituales de iniciación que tienen en el fuego que pisan con los pies desnudos los sampedranos y en la ofrenda de los *arbujuelos* de las tres *móndidas* su mejor ejemplo (*móndida* podría derivar de *mundus*: "limpio", "virginal", o de *móndiga*: "la mujer de *Munda"*, el mítico territorio celtibero donde tendría origen el rito).

Parece ser que antaño se celebraban las *móndidas* en muchos de los 25 pueblos de la Comunidad de Villa y Tierra, coincidiendo con la última luna llena de la primavera (día de la Trinidad), tradición que se ha recuperado en dos de ellos: **Matasejún** y **La Ventosa de la Sierra**. Las mozas portan sobre su cabeza unos *cestaños* o *cesteños*, sombreros cestos de mimbre adornados con lazos y cintas y coronados por los *arbujuelos*, que simulan ramitas de árbol y que se hacen con una masa de pan sin levadura y azafrán. Los *arbujuelos* se ofrendan a la corporación en la ceremonia que sigue a la caballada de la mañana del 24 en San Pedro Manrique. Luego, la plazuela del Ayuntamiento sampedrano vive el emotivo recitar de las cuartetas que realizan las *móndidas*. En **Sarnago**, despoblado de la villa cuya recuperación emprendieron los vecinos años atrás, se ha retomado la tradición el tercer domingo de agosto: aquí se introduce un ramo de arce con cuatro roscos de pan azafranado por la ventana del antiguo ayuntamiento.

San Pedro el Viejo, con los restos de un templo románico, las ruinas de las **murallas** y el **castillo**, en la misma hoya de San Pedro, la amplia plaza del Mercado con su **ermita del Humilladero** y, en lo

▲ Paso del Fuego,
en San Pedro Manrique.

● ● ● ● ● ● ● ●

**Oficina de Turismo
de San Pedro Manrique**

**Centro de Interpretación
del Paso del Fuego**
✉ Plazuela, 7.
☎ 975 381 311.
🕐 Fines de semana desde
   Semana Santa hasta junio;
   de octubre a Navidad y de
   miércoles a domingo en
   verano.

Estelas romanas

Eduardo Alfaro es el arqueólogo jefe de las excavaciones en el **yacimiento de Los Casares**, muy cerca de San Pedro Manrique.

En un huerto de esta villa apareció en los años noventa una estela antropomorfa de la Edad del Hierro con evidentes semejanzas con otras vinculadas al mundo céltico.

Se trata de un grabado sobre una laja en la que se observa una cabeza formada por círculos concéntricos, ojos abiertos y orejas asimétricas.

Se la considera un precedente de las numerosas estelas funerarias que se han encontrado en las Tierras Altas. Son piezas arqueológicas vinculadas mayoritariamente a los *peregrinos* de este territorio serrano relacionado con la ciudad de *Calagurris* (Calahorra). En los símbolos de su escritura, además de las habituales referencias a la maternidad, la masculinidad a través del toro y la teorización de los difuntos, parece desvelarse un posible origen vascuence de la lengua que practicaban los celtíberos romanizados.

El proyecto 'Idoubeda oros' realiza exposiciones itinerantes en la comarca para mostrar estas estelas.

Yacimiento de Los Casares

✉ En San Pedro Manrique. Se accede desde el pueblo por el camino que lleva a la Dehesa, situada al noroeste.

🕐 El acceso es libre, pero solo es visitable en periodo de excavación, durante el verano.

▼ Icnitas en Villar del Río.

alto, rodeada por el recinto del Paso del Fuego, la **ermita de la Virgen de la Peña**, componen, junto con el **templo de San Martín de Tours**, el peregrinaje monumental por las empedradas rúas de San Pedro Manrique.

YANGUAS

Desde San Pedro, la SO 630 deja la cuenca del Linares por Taniñe, La Cuesta y Aldealcardo para engarzarse con la de otro río, el Cidacos, y otra carretera, la SO 615, hasta Yanguas.

Geográficamente, **Yanguas** pertenece al viejo Cameros (territorio soriano que en 1833 Javier de Burgos seccionó en gran parte para anudarlo a lo que hoy en día es La Rioja). Es pueblo importante que tiene **castillo,** cuya factura remite al siglo XIV, y una **torre** exenta de un románico extraño por estas tierras y que perteneció a la iglesia de San Miguel, ahora en las afueras y antaño cerca de la vieja villa yangüesa. Conserva su **puente medieval** de tres ojos, sobre el Cidacos y en mitad de una imponente alameda que en otoño se torna tesoro dorado. Y en lo religioso mantiene dos **templos:** uno junto al puente, el **de Santa María,** con importante retablo plateresco; y el otro, más cerca del castillo, el **de San Lorenzo,** donde se reunía el concejo.

Yanguas y la localidad de San Pedro Manrique son dos de los vértices geográficos de la película que a principios de los años ochenta del siglo pasado rodó José Luis Cuerda en estos parajes, *Total,* y se promocionan como parte de una ruta turística para cinéfilos que incluye Oncala, el tercer vértice.

I ICNITAS Y BOSQUES

Retrocediendo hacia el sur por la misma SO 615 se llega a **Villar del Río,** otro de los pueblos con yacimientos fósiles de las Tierras Altas. El **Aula Paleontológica** se ubica junto a la carretera de Santa Cruz de Yanguas.

A 4 km, en **Bretún,** hay varios **yacimientos** de interés: el **de Fuente Lacorte,** con un rastro de huellas de carnosaurio, y el **de La Matecasa,** con la representación de un terópodo junto a los rastros de icnitas. En el término municipal de **Santa Cruz de Yanguas** hay también importantes yacimientos y un **Centro de Interpretación del Bosque**: las setas y hongos de la zona, los árboles singulares de la comarca y la excepcional riqueza ornitológica de la sierra cobran su protagonismo entre estas cuatro paredes.

I LOS PUEBLOS SERRANOS DE LA TRASHUMANCIA

El itinerario prosigue hacia el sur por la SO-P 1103. Se suceden los pueblos serranos, siglos atrás vinculados a la gigantesca cabaña merina: **Villartoso, Verguizas, Vizmanos** –con su iglesia recuperada del derrumbe–, y **Valloria,** por donde discurre un juvenil Cidacos y hay un **Museo del Juego Tradicional en las Tierras Altas,** en el que se exponen piezas únicas creadas por el ingenio de los antepasados rurales. Los vecinos hacen en agosto, en la era, una demostración de la trilla a la vieja usanza.

**Aula Paleontológica
de Villar del Río**
✉ Antiguas Escuelas, s/n.
☎ 975 185 216.
🖥 www.villardelrio.es
🕐 Abre de Semana Santa al puente de la Constitución. Consultar horarios.

**Centro de Interpretación
del Bosque**
✉ Santa Cruz de Yanguas.
☎ 975 398 073.
🕐 Consultar horarios..

**Museo del Juego Tradicional
en las Tierras Altas**
✉ Valloria
☎ 975 398 073.
🕐 Consultar horarios.

▼ Aula Paleontológica de Villar del Río.

Las huellas de la Mesta

El Museo de los Pastores de Oncala recrea un universo extinguido: el de la trashumancia de la rica cabaña de ovejas merinas que se extendió en Castilla desde principios del siglo XIII de la mano del Honrado Concejo de la Mesta y Alfonso X el Sabio. Esta institución, que mantuvo la influencia y poderío económico hasta su desaparición en 1836, dedicó muchos de sus esfuerzos a preservar las cañadas por los que transitaban los rebaños de merinas. En la Europa medieval la lana era la materia prima utilizada para confeccionar paños y vestidos y, por ello, se convirtió en una gran fuente de riqueza. Las clases dominantes, del clero a la nobleza, acumularon grandes rebaños, auténtico signo de poder. En el museo, además, se hace un repaso sobre cómo era la vida de los pastores de las Tierras Altas cuando, al llegar el mes de septiembre, dirigían sus rebaños hacia el sur: aperos, instrumentos y maneras de relacionarse. Actualmente, durante el mes de junio, se celebra la Fiesta de la Trashumancia: se puede acompañar a los pastores y rebaños desde la estación de tren en Soria hasta Oncala y Los Campos, poblaciones donde alternativamente se realiza el festejo.

La Cañada Real Soriana Oriental
Con 800 km es la cañada más larga de España. Comienza en Yanguas y su destino es Sevilla. Después de atravesar el puerto de Oncala se abre en dos ramales, que convergen en Almazán para encaminarse hacia sierra Ministra, por donde abandona la provincia.
www.soriavacaciones.es

Centro de Interpretación del Río Cidacos
Los Campos.
975 398 073.
Consultar horarios.

Museo de Tapices
Iglesia de San Millán.
975 381 149 (ayuntamiento) y 651 112 357 (parroquia).
En julio y agosto, de 11 h a 14 h y de 16 h a 19 h. Resto del año concertar visitas.
1,50 €.

En **Los Campos,** pueblo donde habita uno de los pocos pastores que siguen haciendo anualmente la trashumancia hasta las tierras del valle de Alcudia, en Ciudad Real, se ha habilitado el **Centro de Interpretación del Río Cidacos**. Una breve caminata nos puede acercar hasta el **yacimiento paleontológico de Salgar de Sillas**.

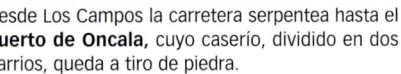

| ONCALA Y EL CASTRO DE EL CASTILLEJO ★★
Desde Los Campos la carretera serpentea hasta el **puerto de Oncala,** cuyo caserío, dividido en dos barrios, queda a tiro de piedra.

Tiene **Oncala** acebal y generadores eólicos en la espina de la sierra. Celebra *Belén Viviente* y *Fiesta del Acebo* en el frío diciembre. Y también cuenta con una deliciosa quesería y dos **museos:** uno dedicado a los pastores, en el barrio de Abajo, y otro **de los tapices,** en la iglesia de San Millán. Son diez los tapices expuestos en esta última, todos del siglo XVII y basados en una colección de cartones encargados a Rubens por la infanta Isabel Clara Eugenia. Desde la **iglesia de San Millán,** con su torre de 25 m de altura que se enseñorea sobre la población, hay que descender al barrio de Abajo por la cuesta que cruza el Cayo y que está jalonada por los hitos o almenas del vía crucis que separa la iglesia y la ermita de la Virgen del Pilar, hasta llegar a la antigua casa de la maestra, inmueble que acoge el **Museo de los Pastores.**

▲ Castillo de Yanguas.

El itinerario se orienta ahora hacia la capital soriana por la SO 615. Desviándose a la izquierda, y pasado Estepa de San Juan, se alcanza **Castilfrío de la Sierra,** que conserva un notable caserío merinero de edificios de piedra restaurados. Desde aquí, la excursión es obligada hasta el *acebal* del pueblo y, sobre todo, hasta el **castro celtibero de El Castillejo.** En el pueblo se emplaza el **Centro de Interpretación Castros y Pelendones.**

Resulta inevitable concluir este recorrido en el **yacimiento arqueológico de Numancia** (▲ pág. 16-17). Descubierto por los arqueólogos en 1853, se sitúa sobre el cerro de La Muela, estratégicamente ubicado sobre la confluencia de los ríos Duero y Tera. La visita se realiza en grupos, es guiada, y muestra los restos excavados de la legendaria ciudad: **aljibes** y **molinos** de piedra, trazado de calles y tramos de la **muralla celtibera,** fundamentalmente. También se han recreado dos **viviendas,** una celtibera y otra romana, para que se puedan apreciar las diferentes técnicas constructivas y formas de vida antes y después de la dominación. En el centro de la vecina **Garray** abre sus puertas el **Aula Arqueológica El Cerco de Numancia,** espacio interpretativo que muestra por medio de maquetas y paneles cómo fue el asedio imperial a la ciudad celtibera, así como de las depuradas técnicas de guerra empleadas por los romanos para doblegar la resistencia de los numantinos.

Unos 8 km y diez minutos de cómodo trayecto nos devolverán a la capital por la N 111.

Museo de los Pastores
✉ La Casa de la Maestra. Oncala.
☎ 975 381 236 / 258.
🖱 www.oncala.es

Centro de Interpretación Castros y Pelendones
✉ Ayuntamiento de Castilfrío.
☎ 975 251 100.

Yacimiento Arqueológico de Numancia
✉ Cerro de la Muela, s/n. Garray.
☎ 650 709 671.
🖱 www.numanciasoria.es
🕐 Enero, febrero, noviembre y diciembre, de 10 h a 14 h y de 16 h a 18 h. Marzo, abril, mayo y octubre, de 10 h a 14 h y de 16 h a 19 h. De junio a septiembre, de 10 h a 14 h y de 16 h a 20 h. Domingos y festivos, de 10 h a 14 h (todo el año). Lunes cerrado.
💶 6 €.

Tierra de Pinares.
La Soria verde

El río Duero nace en la sierra de Urbión. Suena a letanía escolar, a sueño verde, a mar de pinos, a leyenda machadiana. La de Pinares es, con seguridad, la comarca más visitada de toda la provincia y, también, la más deseada por los amantes de la micología. Y tiene una novia anhelada también por todos: la Laguna Negra y su circo glaciar.

SAN LEONARDO DE YAGÜE

Proponemos iniciar el itinerario por la Tierra de Pinares muy al este, en el límite provincial con Burgos y al norte del Parque Natural del río Lobos, en **San Leonardo de Yagüe,** San Leonardo a secas hasta que la larga noche del franquismo le añadió el apellido de un militar y falangista local al que la ley de Memoria Histórica aún no ha conseguido desalojar del topónimo.

Por estas tierras, plató de rodaje de la, esta sí, memorable *Doctor Zhivago* en el año 1965, discurría el trazado del ferrocarril Santander-Mediterráneo. La estación se cerró a mediados de los ochenta del siglo xx, con el fin del uso del trazado. San Leonardo, a 48 km de Soria capital y en el eje de la N 234, es un pujante núcleo vinculado a la industria maderera que en tiempos perteneció a la Real Cabaña de Carreteros, como otros muchos pueblos de la zona.

Oficina de Turismo de San Leonardo de Yagüe
✉ San Pedro, s/n.
☎ 975 376 052.
🔗 www.sanleonardo deyague.es

▼ Paraje de Castroviejo, en Duruelo de la Sierra.

En el monte Valdevalero el castro del Arenal, de la Edad de Hierro.

Del primitivo recinto amurallado solo queda en pie la puerta de Aranda, aunque son muy notables las ruinas del **castillo del Abaluartado,** de factura renacentista, que fue mandado construir por Juan Manrique de Lara y Cardona en 1563 con licencia de Felipe II. Nada tiene que ver esta fortaleza con las muchas medievales existentes en la provincia, y de ahí su interés pese al lamentable estado de abandono. La **iglesia de San Leonardo Abad** conserva portada románica, aunque es un templo de planta rectangular y estilo herreriano construido en el siglo XVII. En su interior destaca el retablo del *Ecce Homo,* atribuido al escultor lucense Gregorio Fernández. Por las inmediaciones del pueblo discurre la **variante Navaleno-San Leonardo** del **GR-86,** el sendero ibérico soriano. Y para los más pequeños en el paraje de la Fuente del Pino está el **Bosque Mágico.**

NAVALENO ✱ ✱

5,5 km separan San Leonardo de Navaleno, siguiente parada en el recorrido. Aquí se nota también la prosperidad que depara la explotación del famoso *Pino Soria* –Marca de Garantía que garantiza la procedencia y la gestión forestal sostenible de los montes donde crece– y es, además, territorio micológico.

En Navaleno abre sus puertas el primer restaurante galardonado con una estrella Michelín en la provincia, *La Lobita,* y también hay un **Centro Micológico,** espacio de interpretación de las bondades que ofrece a los amantes de setas y hongos este bosque inmenso que son los Picos de Urbión. En el centro se expenden los permisos de recolección imprescindibles en la comarca para evitar el desmán y el pillaje.

Una pista asfaltada conduce desde Navaleno hasta el **Aula Divulgativa del Bosque El Amogable,** en el conocido como Pinar Grande, una variante del itinerario propuesto que lleva, también, a **Duruelo de la Sierra.**

LAS PLAYAS SERRANAS

La guía de la N 234 conduce hasta **Cabrejas del Pinar,** primero, y **Abejar,** más adelante.

A la salida de esta última población –parada recomendable por su interesante patrimonio monumental e interés etnográfico (la pagana fiesta carnavalesca de *La Barrosa*)–, el viajero puede hacer un breve desvío por la SO 910 hasta subirse al

▲ Centro Micológico de Navaleno y hongos de sus pinares como el *boletus Edulis.*

• • • • • • • • •

Bosque Mágico de la Fuente del Pino
✉ Navacastellanos, s/n.
San Leonardo de Yagüe.
☎ www.bosquemagico
fuentedelpino.es

• • • • • • • • •

Centro Micológico de Navaleno
⊙ Temporalmente cerrado.

Aula del Bosque de El Amogable
✉ Aula del Bosque de El Amogable
☎ 608 524 266 y 608 524 267.
☎ patrimonionatural.org

lomo de la **sierra de Cabrejas** y disfrutar del balcón improvisado que recrea el fin de uno de los bosques de sabinas más extensos del país, el que se tiende entre Calatañazor y Abejar.

Abajo, en primer término, asoma el caserío rojizo de Abejar, a un lado de la N 234, y al fondo, enmarcado por el escueto laminazo que cubre la cuenca del **embalse de la Cuerda del Pozo,** el dédalo de oscuras cumbres que rodean al **Urbión,** imponente con sus 2.228 m de altitud. En tiempos de orden climático, cuando la primavera venía cuajada de lluvia y en otoño los cargados nubarrones se aferraban con fuerza a los picos, el embalse –empezado a construir en la década de los años veinte del siglo pasado–, daba playas y embarcaderos a Soria: **playa Pita** o **peña Gamella** eran lugares frecuentados durante el estío por foráneos y turistas. Un camping ordenó el abandono que la acampada libre y sin control fomentaba en estas orillas dependientes de la Confederación Hidrográfica del Duero.

MOLINOS DE DUERO Y COVALEDA ✳

Atravesada la N 234 a la entrada de Abejar, la CL 117 serpentea hacia el norte en mitad del cerrado pinar hasta desembocar en **Molinos de Duero.**

Molinos, con su apretada estampa de caserones de piedra y tejados bermejos es uno de los mejores exponentes de lo que en su día fue la arquitectura de esta Tierra de Pinares soriana. Su antiguo robledal es fiel testigo de aquel tiempo de bonanza y carreterías. Como lo es el Duero atravesando el único ojo del **puente de Soria,** en Covaleda, junto al **Refugio de Pescadores.**

Para llegar hasta aquí, hay que ir hacia el oeste durante 10 km por la CL 117, dejando atrás **Salduero.** Arrasada por un incendio a principios del siglo XX, **Covaleda** muestra un crecimiento desordenado. Aún así, el caserío se derrama con gracia bajo la silueta de la **iglesia** parroquial, del siglo XVI, y el cauce de un Duero, que ofrece algunas de las mejores excursiones de la zona, como la de la **Cueva Melitón** o la **Senda de los Carreteros.**

LAS FUENTES DEL DUERO ✳

5 km más allá queda **Duruelo de la Sierra,** de nuevo en el límite provincial con Burgos. Se trata de otra localidad serrana con alma maderera en cuyas inmediaciones nace el Duero.

A la fuente del río que alimenta buena parte de las riberas de la llanura cerealista peninsular se llega siguiendo la pista que asciende con mansedumbre hasta el espectacular **paraje de Castroviejo,** una miniatura de *ciudad encantada* donde el capricho del viento y el hielo han tallado espectaculares moles de roca. Por aquí discurre la **senda** que conduce al *circo de la Laguna Negra* y al **despeñadero de las Águilas,** localizaciones de un sinfín de recoletos lugares rendidos al poder del pino albar. Desde el controvertido **mirador de Castroviejo** (la construcción de una pasarela, la llamada *Trocha del Roquedal*, trajo la controversia al paraje), en los días despejados, se divisan las cumbres sombrías del Sistema Central y del Moncayo.

VINUESA Y LA LAGUNA NEGRA ✷✷

Regresando a Molinos de Duero por la misma CL 117, a la entrada de la localidad tomamos la SO 820 para llegar a Vinuesa.

Situada a 43 km de Soria, **Vinuesa** es la capital de la Tierra de Pinares. De origen celtíbero, la villa –a la que se conoce también con el sobrenombre de Corte de los Pinares– fue asolada por las tropas napoleónicas en la guerra de la Independencia pero,

Oficina de Turismo de Vinuesa
✉ Avda. Constitución, s/n.
☎ 975 378 170.
🌐 https://turismo.vinuesa.es

▼ La Laguna Negra .

pese a ello, conserva un apretado y bello burgo de edificios señoriales en mampostería de piedra, **casonas** indianas, un **rollo** de sillar del siglo XVIII y hasta cuatro **ermitas**. Su viejo **puente romano**, sumergido bajo las aguas del *embalse de la Cuerda del Pozo* queda en tiempos de estiaje a la vista y depara una magnífica oportunidad para seguir a pie el trazado de la calzada romana que pasaba por Molinos o los caminos de la cañada Galiana.

Sin embargo, el itinerario más conocido de la zona es el que se interna, por el valle del Revinuesa arriba, hasta las entrañas del Urbión y el punto que convirtió en leyenda don Antonio Machado: la *Laguna Negra de Urbión*.

Al poco de salir de Vinuesa, por una carretera paralela a la SO 830 que sigue el curso del Revinuesa, se llega a la **Casa del Parque Natural de la Laguna Negra y los Circos Glaciares de Urbión,** centro expositivo que cuenta entre sus instalaciones con una serrería y la reproducción de una típica cocina pinariega, y en el que se muestra el ayer, el hoy y el mañana de los dos principales recursos económicos de la Tierra de Pinares, la madera y la ganadería.

La carretera forestal por la que se sube hasta el circo glaciar ha sido desdoblada y asfaltada, lo que convierte en un agradable paseo lo que hasta hace no mucho era un tormento por los baches y las curvas. También el entorno de la pradera y la laguna está ordenado y protegido con una pasarela de madera que conduce a los distintos miradores. Hay paneles explicativos sobre el paraje y sus riquezas naturales, en especial la vegetación que crece en los altos farallones de roca que rodean el espacio donde

Casa del Parque Natural de la Laguna Negra y los Circos Glaciares de Urbión
✉ Pista a la Laguna Negra, s/n.
☎ 975 377 490.
🖥 www. patrimonionatural.org

▼ Vinuesa.

Esquiar en Soria

A unos 20 km de Vinuesa se encuentra el **Punto de Nieve de Santa Inés**, una miniestación de esquí que funciona en el puerto de montaña del mismo nombre, casi en el gozne provincial entre Soria y La Rioja. Se trata de una estación ideal para cogerle gusto al deporte invernal: cuenta con una pista alpina de casi medio kilómetro de longitud y un *telebaby* (cinta de arrastre para principiantes infantiles), una de trineos, dos de esquí de fondo (la de Peña Negra, con 14 km, y la de la sierra de Hormanazas, con 25 km) y una de trineo tirado por perros. Por sus reducidas dimensiones resulta siempre muy recomendable madrugar para encontrar hueco en el aparcamiento. En la estación alquilan desde equipamiento para esquí alpino a tablas de *snowboard* y raquetas. Y también organizan recorridos con motos de nieve.

la leyenda machadiana situó el oscuro episodio de Alvargonzález.

El camino de vuelta desagua en la SO 830, que asciende hasta el **puerto de Santa Inés** (1.753 m) y, decenas de curvas más allá, alcanza **Montenegro de Cameros.** El paisaje es ahora adusto, como corresponde a la Tierra de Cameros (territorio riojano, queda dicho, que fue soriano hasta que a mediados del siglo XIX la nueva distribución provincial descuartizó Soria). Montenegro, pueblo mesteño, conserva de su pasado esplendor una **ermita** del siglo XI con restos de pinturas murales en su interior, la **de San Mamés.** Punto final de este recorrido por la Tierra de Pinares, el pueblo es cabeza de puente idónea para internarse en el **Parque Natural de la Sierra Cebollera,** ya en tierras de La Rioja.

Punto de Nieve de Santa Inés
- ✉ Puerto de Santa Inés, s/n. Ctra. SO 830, km 17.
- ☎ 699 105 017.
- 🖥 www.puntodenieve santaines.com

▼ Laguna Negra.

Tierra del Burgo

La Tierra del Burgo se sitúa a caballo entre la comarca de Pinares, al norte, y el valle del Duero, al sur. Es un territorio de horizontes ceniciento y una belleza desolada y solitaria, colonizada por enormes extensiones de sabina albar y que ha estado poblada desde la prehistoria hasta nuestros días. En la Tierra del Burgo quedan interesantes vestigios de castros celtíberos, de la posterior romanización y del trasiego medieval. Es, también, territorio natural privilegiado y uno de los destinos más visitados de la provincia.

ABEJAR

Abejar, a 27 km de Soria, es la capital de la trufa negra soriana y lugar de inicio de este recorrido hacia el sur por los sabinares de la *sierra de Cabrejas.* En Abejar se celebra cada mes de febrero, desde 2002, una feria de exaltación del *diamante negro,* hongo comestible que crece asociado a las raíces de encinas, robles y coscojas. En torno a la trufa de Soria han crecido en la provincia plantaciones (unas 1.400 ha cultivadas), actividades muy diversas y exaltaciones culinarias que han conseguido elevar su nombre al rango de marca turística desde 2016. Hay, en Abejar, un museo del ciclismo profesional único en España.

La del Burgo es una tierra de carreteras secundarias y varias opciones. La SO 910 propone 12 km de inmersión lineal en el sabinar, entre Abejar, **Aldehuela de Calatañazor** y **Venta Nueva,** en el engarce con la N 122. La otra manera de llegar a Calatañazor desde Abejar es acercarse hasta Cabrejas, alejada apenas un kilómetro del eje de la N 234.

CABREJAS

Cabrejas del Pinar fue alfoz de correrías entre sarracenos y cristianos, incluida la derrota de Almanzor a comienzos del siglo XI. En Cabrejas quedan restos del **castillo** que siglos atrás fortificaba la villa, la **iglesia de San Millán,** barroca, y el **rollo de los Cascajares,** uno de los símbolos de la antigua Comunidad de Villa y Tierra. Sobre el lomo pelado que domina el pueblo se asentaba un **castro celtíbero:** el del Pico.

Desde Cabrejas el asfalto descerraja la caliza con mansedumbre y acompaña un buen trecho el cauce del arroyo de la Hoz, atravesando la sierra hasta alcanzar el **mirador de El Mirón** y la SO-P 5026, entre **Muriel de la Fuente** y Calatañazor.

Museo del Ciclismo de La Histórica
☎ 622 013 857.
🏠 http://lahistorica.cc

▼ Fortaleza medieval de Calatañazor.

SABINAS MILENARIAS ✱

Si se elige el rumbo de esta última villa medieval hay un primer alto inexcusable: el *sabinar de Calatañazor*. Declarado Reserva Natural, este sabinar es un bosque mágico: algunos de los ejemplares de sabina albar tienen una existencia cercana a los dos milenios, alcanzan alturas de 14 m y un diámetro de otros 5 m. Lo forman sabinas y enebros y lo habitan muchas de las especies que enseñorean los claros cielos sorianos, desde el águila real al alimoche, el alcaudón dorsirrojo, la tarabilla común, la lavandera cascadeña y la omnipresente perdiz.

CALATAÑAZOR ✱✱

La carretera cierra el valle, tamizado de cereal, hasta toparse con la estampa amurallada de la medieval Calatañazor. En un extremo, la ruina del **castillo de las Águilas,** aupado sobre la herida anaranjada que abre el río Milanos en la caliza. Sobrepasando el lienzo, hacia el otro lado, los rojos tejados y la silueta cónica de las chimeneas serranas. El desdén del tiempo.

La villa ha sobrevivido mal a su épica. A día de hoy los vehículos afean su calle Real hasta alcanzar los pies la fortaleza, la plaza en la que se alzan la **picota** y un edificio de ladrillo que acoge la casa consistorial desde hace décadas. El primitivo empedrado de cantos rodados, su pisada desigual, ha sido sustituido por otro más fácil. Puede el viajero hacerse a la idea de cómo eran las calles tiempo atrás frente a la portada de la **iglesia de Nuestra Señora del Castillo,** de cuya primitiva factura romá-

▲ Picota y calle
▼ de Calatañazor.

Desde la Edad del Bronce

La presencia de grupos de cazadores y ganaderos en el espacio del Cañón del río Lobos durante la Edad del Bronce (2000-850 a. C.) está documentada a través de una serie de grabados rupestres que atesoran las cuevas de San Bartolomé, a espaldas de la ermita, y otras como La Galiana, Cueva Negra y Cueva Conejos.

Relacionados con la pintura esquemática de la meseta, los motivos de la Cueva Mayor fueron realizados mediante una incisión en la roca y presentan los habituales trazos antropomorfos, ramiformes y arboriformes. Los grabados de la Cueva Menor representan dos grupos de ángulos de doble línea. A la derecha del templo, sobre un espolón rocoso, los arqueólogos han situado el yacimiento de El Balconcillo, un campamento de reducidas dimensiones donde se encontró numeroso material lítico, restos óseos de animales (ciervos, jabalíes, caballos) y recipientes de uso cotidiano.

nica se conservan el óculo y la portada. Hay también un pequeño museo parroquial con algunos tesoros.

Se tienen pie todavía, aunque en desigual estado, algunas **viviendas** construidas a la manera antigua, es decir, con mampostería, adobe, encestado de barro y viguería de enebro. Se oferta, también, la posibilidad de ver por dentro la típica cocina serrana, en cuyo vientre se ahumaban los productos caseros de la matanza. Pero el tiempo de los hoteles con encanto, de los restaurantes con menú de fin de semana y las tiendas artesanales arribó aquí también, donde rodó Orson Welles y buscó refugio el periodista y escritor Luis Carandell. Antes de dejar el pueblo, dos **ermitas** extramuros: los dispersos restos de la **de San Juan,** con un pequeño aparcamiento para vehículos, y la **de la Soledad,** con un ábside bajo cuyo alero se iluminan canecillos de inequívoca factura románica.

LA FUENTONA DE MURIEL ✱

Desandando la SO-P 5026 se llega a **Muriel de la Fuente.** A las afueras espera el palacio de Santa Coloma, reconstruido, que alberga las instalaciones de la **Casa del Parque del Sabinar y La Fuentona.** Entre su torre y el caserío discurre el río Abión. Siguiendo el sendero que se ajusta a su cauce se llega hasta su nacimiento en el conocido como *Ojo de la Fuentona de Muriel,* uno de los parajes naturales más bellos de la provincia. Hasta hace poco tiempo su origen era un misterio que alimentaba multitud de leyendas e historias contadas al calor de la lumbre. Las modernas técnicas de la espeleología

▼ La Fuentona de Muriel.

submarina y el arrojo de un equipo de inmersión del programa televisivo *Al filo de lo imposible* acabaron desbaratando las especulaciones sobre el *acuífero de Cabrejas,* convertido, pese a ello, en una de las surgencias kársticas más profundas de la Península. El enclave, declarado Monumento Natural de Castilla y León, tiene un desvío obligado hasta la conocida como *cascada de la Hoz.*

I EL CAÑÓN DEL RÍO LOBOS   **✶✶**

Desde Muriel de la Fuente hay una madeja de carreteras mínimas que llevan a pueblos de típica arquitectura serrana: el rehabilitado **Abioncillo de Calatañazor, Muriel Viejo, Cubilla, Cubillos, Cantalucía, Aylagas** o **Valdeavellano de Ucero.** Pero todos los caminos conducen a **Ucero,** puerta de entrada al *Cañón del río Lobos* (▲ pág. 22).

Morfológicamente el emplazamiento resulta espectacular, casi a los pies de la cuesta de La Galiana (cuyo **mirador** se alcanza remontando el cañón por la SO 920 en dirección a San Leonardo) y aguas abajo del naciente río Ucero. Una aureola de leyenda vincula toda la zona con los caballeros templarios, y los restos del **castillo de Juan González,** del siglo XIII, aquí inhiestos, no son ajenos a ella. La razón: en la clave de la bóveda de su torre del homenaje se representa un *agnus dei,* imagen que algunos vinculan a la Orden del Temple.

**Casa del Parque
del Sabinar y La Fuentona**

✉ Palacio de Santa Coloma, s/n.
☎ 975 188 162.
🖥 www.patrimonionatural.org

▼ Ermita de San Bartolomé
  en el cañón del río Lobos.

Ucero, en los últimos años, se ha convertido en parada y fonda casi imprescindible para los viajeros que se acercan a disfrutar del cañón y las bondades del turismo rural en la zona. Justo antes de embocar el puente sobre el río se sitúa la **Casa del Parque del Cañón del río Lobos,** también de obligada visita. La cronología señala que este fue el primer espacio protegido declarado como Parque Natural en Castilla y León, en 1985. El acceso se hace en coche hasta un área del pinar habilitada como aparcamiento y, después, a pie, siguiendo un fácil paseo que llega a la **ermita de San Bartolomé** y sus cuevas, bajo el farallón calizo. Cuenta la leyenda popular que el templo es lo que queda de un monasterio de orígenes templarios, el de San Juan de Otero, cenobio que nunca nadie ha podido emplazar con precisión. Pero el lugar tiene tanta fuerza telúrica y tanta belleza que ejerce de talismán viajero: es uno de los rincones provinciales más visitados.

| POR LA VEGA DEL UCERO HACIA EL BURGO DE OSMA
De la presencia romana en toda esta zona quedan restos del canal de abastecimiento de aguas que desde las fuentes del Ucero llega hasta *Uxama,* a 18 km. A las afueras de Ucero se puede visitar la conocida como **cueva de la Zorra,** uno de los túneles que se excavaron para dicha canalización.

Luego la SO 920 atraviesa la fértil vega hasta El Burgo: Valdelinares, Valdemaluque, Sotos del Burgo, Valdelubiel y Barcebalejo son hitos de ese entretenido trayecto.

En **El Burgo de Osma** el poder episcopal levantó durante siglos un imponente conjunto monumental, pero el viajero que arriba a este rincón no puede dejar de otear primero, sobre el cauce del Ucero, la atalaya de vigilancia musulmana que ubica el primitivo emplazamiento arévaco que dio paso, siglos después, a la ciudad: *Uxama Argelae.* Hoy en día, el acceso al **sitio arqueológico de Uxama** es libre y pueden visitarse unas **cisternas romanas** y la **atalaya** musulmana (preguntar los horarios el Aula Arqueológica que hay en la oficina de turismo).

En Osma, junto al río, se levanta la **iglesia de Santa Cristina,** con una bonita portada renacentista que atesora, en su interior, una pila románica y las reliquias de la santa. El **puente romano,** rehecho en el Medievo, comunicaba Osma con la fortaleza.

Enfilando el Burgo, hay un tranquilo paseo hasta la plaza del Carmen, pasado el barrio de las Tenerías, donde se alza el **antiguo convento carmelita,** del siglo XVII, actual iglesia.

Casa del Parque del Cañón del río Lobos
✉ Ctra. SO 920, km 16.
Ucero.
☎ 975 363 564
🌐 www.patrimonionatural.org

Oficina de Turismo de El Burgo de Osma
✉ Mayor, 4.
☎ 975 360 116.
🌐 www.burgodeosma.com
🕐 Todo el año de miércoles a domingo.

A un paso se erige la maravillosa seo burguense, obra de factura inicial románica, portada principal gótica y monumental torre barroca. En su interior, la **catedral de la Asunción** conserva aún restos de su primitiva estructura románica, aunque su planta es de estilo gótico con nave central, crucero y cabecera de cinco ábsides y girola neoclásica añadida en el siglo XVIII. Se visita el museo catedralcio, varios museos diocesanos, el claustro y, desde 2016, la torre barroca.

El recorrido conduce, por la Calle Mayor, hasta la plaza del mismo nombre. Es un paseo jalonado de bares –donde se tapea, y bien– y tiendas de productos sorianos. La **Plaza Mayor,** barroca y de planta cuadrada, conserva la esencia de la vida en la ciudad. Es soportalada, contiene el edificio del ayuntamiento, y se cierra con el solemne **Hospital de San Agustín,** de 1704, con sus dos torres profusamente decoradas y rematadas en chapiteles. El edificio, convertido en centro cultural, acoge también la **Oficina de Turismo** y el **Aula Arqueológica** *Antiqua Osma,* donde se recrea una casa tradicional romana.

La Calle Mayor desemboca en el cruce de calzadas que conducen hacia la capital y el Cañón del río Lobos. Y justo ahí se erige la **antigua Universidad de Santa Catalina,** convertida en establecimiento hotelero después de funcionar como instituto de bachillerato y formación profesional. Se trata de un edificio del siglo XVI de estilo renacentista.

Catedral de El Burgo de Osma
- ✉ Plaza de la Catedral, s/n.
- ☎ 975 360 254 / 626 302 287.
- 🖥 www.catedralburgodeosma.com
- 🕐 De martes a domingo de 10.30 h a 13 h y de 16 h a 18 h; sábado de 10.30 h a 13.30 h y de 16 h a 19 h. Julio, agosto y septiembre: de martes a domingo, de 10.30 h a 13.30 h y de 16 h 19.30 h.
- 🎫 Desde 5 €.

▼ Catedral y plaza de El Burgo de Osma.

Las joyas de la seo

La capilla mayor de la catedral del Burgo de Osma merece un detenido repaso debido a su extraordinaria factura. Juan de Juni realizó el retablo y Juan Francés sus bellas rejas, mientras que el púlpito de mármol y la sillería del coro fueron obra de Sebastián Fernández, maestro en el monasterio de San Lorenzo del Escorial.

Otras capillas de la seo son las de San Ildefonso, en la que hay buenas tablas castellanas, la de San Agustín, con el sepulcro gótico de los Montoya, la del Cristo del Milagro –románica–, y la de San Pedro de Osma, con una reseñable escalinata.

La capilla del Venerable Palafox fue diseñada por Juan de Villanueva y realizada por Sabatini. Salvador Maella firma los frescos de su bóveda, y la araña de cristal de roca que la ilumina la regaló el rey Carlos III. También de Juan de Villanueva es la monumental y neoclásica sacristía, donde hay una destacada colección de vidrieras y dos espléndidos órganos de los siglos XVII y XVIII. El claustro es del mejor gótico flamígero. Cabe destacar, finalmente, el sepulcro de San Pedro de Osma –con minucioso e ingenuo labrado de su larga relación de milagros– junto a la sala capitular y su museo-biblioteca, que contiene auténticas joyas paleográficas, bibliográficas y artísticas de la diócesis: la colección de códices sellados, la *Biblia Gótica,* el *Speculum Virginum,* la *Tabla de las Iglesias del Mundo,* las *Etimologías...* Y el *Beato* (1086), maravillosamente ilustrado con miniaturas mozárabes de transición al románico.

▲ *La bestia de las siete cabezas,* ilustración del *Beato del Burgo de Osma.*

El sábado por la mañana, desde los tiempos de Alfonso XI, es día de mercado en El Burgo. Hace muchos años que este dejó la zona histórica y se realiza al otro lado del Ucero, en la avenida de Santos Iruela: una buena ocasión para aprovisionarse de productos cultivados en los huertos cercanos.

La Ribera del Duero.
Tierra de frontera

Serpentea el río Duero en su viaje hacia tierras burgalesas por esta comarca occidental soriana donde el cultivo del viñedo se hace arte. Río frontera medieval, patrimonio románico, el paisaje de la vega del Duero es de piedra tallada y álamos, de fortalezas inexpugnables y altos horizontes.

❙ LA FORTALEZA DE GORMAZ ★★

El recorrido por la Ribera del Duero puede comenzar junto al puente romano del Burgo de Osma, al final de la excursión anterior. Desde aquí, la SO 160 atraviesa la hoz de Peñalavara en dirección sur, hacia Gormaz y Recuerda. Son campos donde el cereal verdea en primavera y amarillea la mies con el estío, extensas soledades que enseñorean el paisaje antes de que la mirada y el horizonte se alcen frente a la mayor fortaleza califal en territorio peninsular: el **castillo de Gormaz.**

El castillo comenzó a construirse en el siglo IX y cuenta con un perímetro amurallado de 1200 m y 28 torres. Su carácter estratégico como refuerzo de la frontera norte musulmana y de avanzada en la defensa militar de Medinaceli –capital de la marca media musulmana– lo convertirían en pieza codiciada por los ejércitos cristiano y sarraceno, siendo tomado y reconquistado por ambos bandos en sucesivas ocasiones hasta que pasó definitivamente a manos cristianas en 1059 bajo el mando de Fer-

Castillo de Gormaz
- ⊠ Gormaz.
- ☎ 975 183 473.
- 🌐 www.gormaz.es
- ◉ Acceso libre y gratuito. Aparcamiento.

▼ Vista de la fortaleza de Gormaz.

A pie por la senda del Duero

Cuarenta y dos etapas para recorrer los 750 km que separan el nacimiento del río Duero, en la sierra de Urbión, y los muelles de Vega Terrón, en las Arribes salmantinas: esa es la propuesta del Camino Natural Senda del Duero que puso en marcha el Ministerio de Agricultura, Alimentación y Medio Ambiente no hace mucho.

Del total de etapas, las nueve primeras discurren por la provincia de Soria y, de estas, las tres últimas se ajustan al trazado de este itinerario por la Ribera del Duero provincial, entre Gormaz y Langa de Duero. La número 7 enlaza Gormaz con San Esteban de Gormaz; la número 8, San Esteban con Langa de Duero y la novena, Langa con Aranda de Duero, ya en la provincia de Burgos. https://www.mapa.gob.es/es/desarrollo-rural/temas/caminos-naturales/caminos-naturales/sector-noroeste/duero/oriental.aspx

nando I de León. Veintisiete años después, Rodrigo Díaz de Vivar, *mio Cid,* fue señor de la fortaleza. A partir del siglo xv, perdido su valor castrense, cayó en desuso, siendo utilizado como cárcel en tiempos de los Reyes Católicos.

Un desvío, por la SO-P 4198 conduce, a través del pueblo de **Gormaz,** situado bajo la fortaleza, hasta su entrada. Declarada Monumento Nacional en 1931, conserva además del perímetro amurallado la **torre del homenaje,** la **torre de Almanzor** (caudillo que la conquistó en el 983), el **aljibe,** el **alcázar** y una monumental **puerta califal,** auténtico santo y seña del conjunto: está formada por un gran arco de herradura enmarcado por un alfiz en el exterior y un segundo arco, también de herradura, más bajo, que

▼ San Esteban de Gormaz.

forma la buhedera (hueco por el que se lanzaban proyectiles). Desde aquí, las vistas sobre la vega del Duero son realmente deliciosas.

A los pies del cerro del castillo se encuentra la **ermita de San Miguel de Gormaz,** edificio románico de sencillo aspecto exterior que en su interior conserva unas pinturas murales que la emparentan con la mozárabe de San Baudelio de Berlanga.

El medieval alfoz de Gormaz se extendía hacia el oeste por Vildé y **Navapalos.** Este último pueblo, que llegó a estar despoblado décadas atrás, cuenta con un proyecto de recuperación sustentado en técnicas de construcción tradicionales y de horticultura ecológica. Pero, además, Navapalos es uno de los lugares mencionados en el *Cantar de mío Cid,* ya que el Campeador y sus huestes vadearon el río en sus proximidades y, tras acampar, Rodrigo Díaz tuvo el sueño en el que se le aparece el arcángel San Gabriel para augurarle buena suerte en sus empresas. Queda también en Navapalos una **atalaya musulmana,** que dejamos a nuestras espaldas mientras el itinerario enfila hacia **La Rasa** y **Pedraja de San Esteban** (con su pintoresco barrio de bodegas y lagares, sublimado en **Atauta**), ya a las puertas del otro gran hito monumental del itinerario: San Esteban de Gormaz.

| SAN ESTEBAN DE GORMAZ Y EL ROMÁNICO MÁS ANTIGUO DE SORIA ★★

El acceso más bello a San Esteban es el que cruza el Duero sobre el soberbio **puente romano** viniendo de Gormaz o de Ayllón por la N 110. San Esteban, en la orilla septentrional del Duero, fue plaza tan

Ermita de San Miguel de Gormaz
- 975 183 473 / 667 645 193.
- Del 1 de agosto al 10 de septiembre: de martes a sábado de 11 h a 13.30 h y de 17.30 h a 20 h; domingo, de 11 h a 13.30 h; lunes cerrado.
Resto del año: sábado de 11 h a 14 h y de 16 h a 19 h; domingo de 11 h a 14 h.
De noviembre al 31 marzo: cerrado todos los días.
- 1,50 €.

Oficina de Turismo de San Esteban de Gormaz
- Plaza del Frontón, s/n.
- 975 350 292.
- www.sanestebandegormaz. org
- Abierta fines de semana desde Semana Santa a junio y desde octubre hasta Navidad, y de miércoles a domingo en verano. Organizan visitas guiadas (5 €).

▲ Dos de los más antiguos y bellos ejemplos del románico soriano. Arriba, la galería porticada de la iglesia de San Miguel. En la página siguiente, la galería de la iglesia de Nuestra Señora del Rivero. Ambas en San Esteban de Gormaz.

deseada como su vecina Gormaz y, por lo tanto, conquistada y reconquistada sucesivamente por unos y por otros. El fragor de los siglos, el paso a manos de caudillos y de alcaides, hizo que San Esteban acabara perdiendo la fortaleza –posiblemente de origen califal– que coronaba el cerro sobre el que se domina el caserío actual. Ahora queda apenas en pie un muro terroso. Pero San Esteban de Gormaz es, también, tierra de románico, un arte popular que en la Extremadura castellana aporta las galerías porticadas, solución arquitectónica que se extendió por las sureñas Comunidades de Villa y Tierra vecinas de Guadalajara, Segovia y Burgos. Dos son los templos románicos a visitar en un casco histórico con interesantes ejemplos de **casas blasonadas,** y los dos están considerados los más antiguos de estilo románico en la provincia de Soria.

El primero, la **iglesia de San Miguel,** cuenta con una sola nave sin crucero y muros de mampostería encintada mudéjar. Además, conserva una preciosa galería porticada con siete arcos (el número de la perfección) y el campanario exento de factura posterior. Fue construida en el año 1081, según fecha indicada en uno de los canecillos situado en la clave del arco de acceso. Bajo el refugio de la galería porticada, orientada al sur, se reunía el concejo, símbolo de la democracia popular castellana. En los capiteles se muestra una extensa iconografía que remite a seres fantásticos, animales más o menos cotidianos y personajes ataviados a la manera de la época.

La **iglesia de Nuestra Señora del Rivero,** por su parte, presenta una disposición arquitectónica muy similar a la de San Miguel en lo fundamental: una sola nave, presbiterio, galería porticada al sur y ábsi-

de semicircular. En el interior se descubrieron unas interesantes pinturas murales góticas. Situada en la parte alta de la villa, desde la iglesia del Rivero se disfrutan unas magníficas panorámicas de la vega.

San Esteban, declarado Conjunto Histórico Artístico, conserva suficientes vestigios de la **muralla** medieval que la ceñía. El principal es el **arco de la Villa**, que comunica la Plaza Mayor y el cauce del Duero por el puente romano. En el entorno de la Plaza Mayor hay varios bares, con un buen tapeo, y alguna panadería en la que adquirir deliciosas tortas de anís.

Merece la pena llegar, por último, hasta el **Molino de los Ojos**, un antiguo ingenio harinero rehabilitado que alberga un **Ecomuseo** con una exposición interactiva sobre la molienda y el ecosistema del cereal. Las cuatro plantas del museo acogen aperos, mobiliario y diversos objetos donados por habitantes de la villa. Frente al Ecomuseo abre sus puertas el **Parque Temático del Románico de Castilla y León,** con reproducciones a escala de diversos edificios religiosos de este estilo existentes en la comunidad autónoma.

SEGONTIA LANKA

Desde San Esteban hay dos maneras de llegar a **Langa de Duero.** Una sigue el trazado de la A 11 hacia Aranda de Duero, al norte del río. La otra, mucho más reposada, lo hace por la orilla meridional a través de una desierta SO-P 4009 que alcanza primero la **ermita de la Virgen de los Rubiales,** a las afueras de **Soto de San Esteban,** y luego el **puente medieval** sobre el Duero, ya en Langa.

Las crónicas dicen que muy cerca de la ubicación actual del pueblo estuvo la *Segontia Lanka*

Parque Temático del Románico de Castilla y León. Ecomuseo Molino de los Ojos.
✉ Ctra. Molino de los Ojos, km 2,5.
☎ 975 350 292.
🖳 www.sanestebandegormaz.org

Ayuntamiento de Langa de Duero
✉ Real, 15.
☎ 975 353 001.
🖳 www.langadeduero.es

Los vinos de la Ribera

En la provincia de Soria los terrenos dedicados a la viticultura amparados bajo la DO Ribera del Duero suponen más de 1.250 ha (casi un 6% del total). Son siete las bodegas que se sitúan bajo el paraguas de calidad de la DO: dos están en San Esteban de Gormaz (*Aceña* e *Hispanobodegas*), otra en Atauta (*Dominio de Atauta*) y el resto en Aldea de San Esteban (*Señorío de Aldea*), Castillejo de Robledo (*Bodegas Castillejo de Robledo*), Langa de Duero (*Valdeviñas*) y Peñalba de San Esteban (*Rudeles*). Las características físicas de este rincón oriental de la denominación particularizan los caldos que se producen: con mayoría de uvas de las variedades tempranillo y garnacha, los viñedos están ubicados entre 870 y 1.000 m sobre el nivel del mar (muchos de ellos en cepas con más de 100 años de antigüedad). El severo clima continental y un bajo índice de pluviometría proporcionan a la uva una maduración más lenta que las que se producen en otras áreas más occidentales de la Ribera. Todos estos factores configuran unos vinos complejos y con una intensidad aromática particular que, además, engarzan con una larga tradición vinícola que tiene como centro a San Esteban de Gormaz. Los pueblos sorianos ribereños conservan sus barrios con bodegas subterráneas y lagares centenarios, aunque es Atauta la localidad donde el viajero encontrará mayor número de estas viejas bodegas excavadas por el hombre en la tierra desde tiempos inmemoriales.

Consejo Regulador de la DO Ribera del Duero
✉ Hospital, 6. Roa (Burgos).
☎ 947 541 221.
🌐 www.riberadelduero.es

celtibera que citara Estrabón. Pero Langa es ahora territorio vinícola de reconocidos caldos, y en sus bodegas centenarias los vecinos se reúnen para disfrutar de unas buenas chuletas de cordero asadas a la brasa de sarmientos. Domina el caserío la robusta **torre** medieval, vinculada al **castillo de Álvaro de Luna,** donde acabó encarcelado el hermano de la reina Leonor de Castilla, el duque de Medina Sidonia. Y a su término municipal pertenecen varios pueblos con parada obligada: la primera en **Bocigas de Perales** y el románico primitivo de su **iglesia de San Pedro**; la segunda en **Valdanzo,** donde Menéndez Pidal situó el robledal de la afrenta de Corpes a la que se refiere el *Cantar del mío Cid.* La arqueología descubrió aquí varios mosaicos romanos en el **yacimiento de la Villa de San Pedro** y, en **Zayas de Torre,** unos lagares excavados en roca.

A 9 km hacia el suroeste por la SO-P 4205 se alcanza **Castillejo de Robledo,** núcleo de orígenes templarios que aún conserva los restos de una **fortaleza** y una **iglesia** románica de singular decoración: algunos autores afirman que en uno de sus canecillos se encuentra "la escena más erótica esculpida por el románico".

Tierras de Berlanga

La comarca de Berlanga encuentra su acomodo al sur de la línea del Duero y al norte de la sierra de Pela, límite con la vecina Guadalajara. Es un territorio de altas parameras y recoletos cañones, apenas poblado, donde perviven la traza medieval, el románico más puro y el alma de la vieja Celtiberia.

Los alcores y lomas del páramo concitan el interés de los amantes de la ornitología y, también, de los rastreadores de ese recoleto arte románico de las iglesias porticadas del que Soria depara un auténtico festín. El de las Tierras de Berlanga es un itinerario que tiene tres grandes hitos monumentales: el casco antiguo de Berlanga de Duero, la ermita mozárabe de San Baudelio de Berlanga, llamada la Capilla Sixtina de Castilla, y las ruinas de la ciudad celtibero-romana de Tiermes. De camino a ellas, el viajero disfrutará de algunos de los paisajes más bellos y desconocidos de la provincia y, también, de un notable patrimonio monumental.

▌ VILLAS ROMANAS E IGLESIAS ROMÁNICAS ✳

El recorrido comienza en la capital siguiendo el rumbo de la vieja carretera de Madrid. Tomando la SO 100 se llega pronto hasta **Los Llamosos** –con su **iglesia** románica–, a Quintana Redonda y, desde ahí, a la pedanía de **Las Cuevas de Soria**, a 22 km. Aquí se visitan el **yacimiento de la villa romana de La Dehesa** y el **Museo Magna Mater**, donde una moderna estructura protege estos interesantes vestigios que ya fueron excavados por Blas Taracena en 1928. El museo es, además, un espacio cultural y didáctico sobre todo lo relacionado con la cultura rural romana en tierras sorianas, por lo que también se ocupa de otras dos importantes villas de la provincia, la de Rioseco de Soria y la de Santervás del Burgo.

Desde Las Cuevas hay una pista que asciende hasta el **santuario de la Virgen de Inodejo**, templo del siglo XVII al que se acude en romería dos veces al año, en junio por la Trinidad y el segundo domingo de septiembre.

De retorno a **Quintana Redonda**, tierra de alfareros, se debe visitar el **Centro Temático de la Cerámica Tradicional** y admirar la galería porticada de la **iglesia** románica **de la Asunción**, aunque el itinerario tiene dos paradas obligadas en otros dos templos de referencia: el primero junto al pinto-

▲ Yacimiento de la villa romana de La Dehesa y Museo Magna Mater, en Las Cuevas de Soria.

● ● ● ● ● ● ● ● ●

Villa romana La Dehesa. Museo Magna Mater

✉ Las Cuevas de Soria.

☎ 660 017 854 y 626 992 549.

🖥 www.villaromanaladehesa.es

🕐 Abre de Semana Santa a diciembre. Hasta junio, sábado de 11 h a 20 h; domingo y festivos, de 11 h a 14.30 h. Los meses de julio, agosto y septiembre, de martes a sábado de 11 h a 20 h; domingo, de 11 a 14.30 h. Octubre, noviembre y diciembre, sábado de 11 h a 18 h; domingo y festivos, de 11 h a 14.30 h.

💰 2 €.

▶ Silueta de Berlanga de Duero en la que sobresale el castillo y la muralla.

Oficina de Turismo de Berlanga de Duero

✉ Plaza del Mercado, 7 (Torre del Palacio).

☎ 975 343 433.

🖥 www.berlangadeduero.es

🕓 En verano abre de lunes a domingo de 10.30 h a 14 h y de 16 h a 20 h.

resco portillo o desfiladero de **Andaluz,** la **iglesia de San Miguel Arcángel,** que conserva la inscripción fundacional del año 1114. Y el segundo, a 11 km de aquí, sobrepasada la CL 116 y el Duero, en **Aguilera,** donde se alza la **iglesia de San Martín,** del siglo XII también, con su galería porticada con capiteles decorados.

Retrocediendo hacia la CL 116 se cruza el trazado del abandonado ferrocarril Valladolid-Ariza y un romántico puente de hierro sobre el Duero.

▌ BERLANGA DE DUERO ✶✶

En Berlanga de Duero sentó sus reales el marquesado de Tovar-Velasco y entre sus apretadas y rectilíneas calles, dispuestas a los pies de un **castillo** amurallado que ha sobrevivido siglos y afrentas aupado sobre el cerro que vigila el curso del río Escalote, se alzan un puñado de palacios, templos y casas solariegas que justifican, por sí mismas, cualquier visita.

Hasta la Plaza Mayor se accede atravesando la **puerta de Aguilera,** uno de los escasos restos que quedan de la primitiva muralla, con su arco gótico, del siglo XVI, coronado por almenas, que muestra sobre el escudo una concha de peregrino. La **Plaza Mayor,** porticada y castellana, es centro del ambiente local y solar del edificio consistorial. A dos pasos queda la **colegiata de Santa María del Mercado,** bellísimo ejemplo de la transición entre los estilos gótico y renacentista que se erigió en tan solo tres años y medio. Su característica traza columnaria

con bóvedas de crucería fue obra del arquitecto Juan de Rasines.

Del **palacio de los Duques de Frías** asoma solo la fachada y una torre, ya que el conjunto renacentista original fue dinamitado por las tropas napoleónicas durante la guerra de la Independencia. La **torre** superviviente alberga las instalaciones del **Espacio Berlanga,** donde se proyecta un audiovisual en el que se narra la historia del palacio. Las panorámicas sobre los tejados son magníficas. A espaldas de la torre, el **castillo,** en el que poco queda en pie de la primitiva fortaleza árabe, originaria del siglo X. Los restos actuales, alzados sobre el espectacular cañón fluvial, corresponden a los siglos XV y XVI. Ha sido rehabilitado entre 2020 y 2021.

I **SAN BAUDELIO Y TIERMES**   **✱✱**

Los árabes tejieron una red de **atalayas,** que aún se pueden visitar, en los cercanos valles de los ríos Escalote y Torete. Siguiendo la SO 132 destacan las de **Bordecorex** –también con iglesia del siglo XIII– y la de **La Riba de Escalote.**

Muy cerca de Berlanga, en **Casillas** –a 7 km–, se sitúa uno de los enclaves con más belleza de toda Castilla: la modesta **ermita de San Baudelio,** de finales del siglo XI, un hito del arte mozárabe hispano y de la arquitectura religiosa peninsular de todos los tiempos (▲ pág. 18-19).

Muy cerca quedan **Caltojar** y su **iglesia de San Miguel Arcángel,** y **Rello,** conjunto amurallado y silencioso, otro de los reductos medievales de la

Espacio Berlanga y castillo
- ⊠ Torre del Palacio.
  Plaza del Mercado, 7.
- ☎ 975 343 433.
- ⊕ El mismo horario estival que la oficina de turismo: de 10.30 h a 14 h y de 16 h a 19.30 h (el acceso se cierra una hora antes).
- 💰 4 €.

Ermita de San Baudelio
- ⊠ Casillas de Berlanga.
- ☎ 975 221 397.
- ⊕ De octubre a marzo, de martes a sábado, de 10 h a 14 h y de 16 h a 18 h. De abril a septiembre, de martes a sábado, de 10 h a 14 h y de 16 h a 20 h. Domingos y festivos: de 10 h a 14 h (todo el año). Lunes cerrado.
- 💰 Entrada gratuita.

comarca. Lo mejor es rodear el cerro siguiendo la carretera y el cauce del Escalote para disfrutar de las panorámicas del **recinto amurallado.** Luego se pueden visitar el **torreón** y los restos del **castillo.**

Por Arenillas y Lumias, la SO 132 alcanza **Retortillo de Soria.** Señorial, conserva una **muralla** con dos puertas, la de Sollera y la de Oriente, algunas casas blasonadas y la **iglesia de San Pedro,** gótica.

Tarancueña, a 8 km de Retortillo, a cuyo término municipal pertenece, es puerta que, a través de un recoleto cañón, enlaza con Caracena, en pleno *Camino del Cid* al destierro.

Caracena, con su **puente románico, cárcel** y **castillo** conserva, además, dos **templos románicos** de bella factura: **Santa María** y **San Pedro.**

La ruta sigue atravesando inhóspitos cañones fluviales tributarios del Duero, orientados de sur a norte, que conforman uno de los paisajes más turbadores de la provincia.

En **Valderromán** hay un *bosquete de encinas* centenarias, y muy cerca, aunque pertenece administrativamente a **Montejo de Tiermes,** en las **ruinas de la ciudad celtibero-romana de Tiermes** (▲ pág. 16-17) el horizonte se hace definitivamente historia con mayúsculas. Además de los numerosos vestigios arqueológicos sobre el terreno, no hay que dejar de visitar el **Museo** monográfico.

Luego la SO 130 continúa hacia el oeste y, por **Cuevas de Ayllón,** pone un broche de color con los palomares hundidos en la roja arcilla.

Yacimiento Arqueológico y Museo de Tiermes
- ✉ Montejo de Tiermes.
- ☎ 639 185 905/975 186 156.
- 🖥 www.museodetiermes.es
- 🕐 De octubre a junio, de martes a sábado, de 10 h a 14 h y de 16 h a 18 h. De abril a julio, de 10 h a 14 h y de 16 h a 20 h. Domingo y festivos: de 10 h a 14 h (todo el año). Lunes cerrado.
- 🎫 Entrada gratuita.

▼ Vista de Caracena.

Tierras de Almazán.
Alma maderera

Encrucijada de caminos y tierra resinera por excelencia, también la presencia del Duero ha marcado la historia de esta comarca por la que Soria se vierte hacia el sur.

Almazán es la segunda población con mayor número de habitantes de una provincia despoblada. Probablemente solo esto justifique que sea la A 15 –atravesándola– la primera autovía que vio concluido su recorrido y puesto a la capital a dos horas en coche de Madrid. Por Almazán discurre también la línea férrea en activo que enlaza la Villa y Corte con Soria, trazado por el que circula el tren turístico Campos de Castilla. Almazán tiene alma maderera y en sus bosques late otro de los tesoros sorianos: las setas.

CAMINO DE ALMAZÁN

Este itinerario puede comenzar en la CL 116, cerca de Berlanga de Duero. Un primer desvío conduce hasta **Velamazán,** villa que perteneció al señorío del marqués del mismo nombre, vinculado a los González de Castejón, rica familia que cimentó su fortuna sobre la cabaña merina. De aquellos tiempos quedan en pie el **palacio de los Velamazán,** del siglo XVII y factura renacentista, la **iglesia de la Santa Cruz,** construida con el patrocinio de los

Ayuntamiento de Velamazán
✉ Ayuntamiento. La Plaza, s/n.
☎ 975 181 214.

▼ El otoño, en las tierras de Almazán, es un regalo para los sentidos.

La Semana Santa soriana

Solemne y sobria, la Semana Santa se celebra con fervor en toda la provincia, aunque destacan las celebraciones litúrgicas y procesiones que se realizan en la capital y en El Burgo de Osma junto con las del Viernes Santo en Ágreda. Ese mismo día el foco se desplaza también hasta Alcoba de la Torre, una localidad situada en los confines occidentales de la comarca de la Ribera del Duero donde durante una hora se escenifica la pasión de Cristo en diversos lugares del pueblo, desde la oración en el huerto hasta la crucifixión y el descendimiento de la Cruz. Otras citas importantes son la procesión de los Pasos de la Pasión del Señor, el Domingo de Ramos en Medinaceli, que se viene representando desde mediados del siglo XVI, o el descendimiento del Cristo articulado en Fuentelmonge, el Viernes Santo. Son fiestas no exentas de sabor: en Ólvega, el Miércoles Santo los niños *piden el huevo* por las casas; en Arcos de Jalón el Jueves Santo se celebra la *Rompida de la Hora* con una concentración de bombos, tambores y cajas; en Dévanos se quema al *Hombre Viejo* el Viernes Santo; y ese mismo día, tras las procesiones, se reparte limonada en Ólvega y bocadillos de sardinas en Pedrajas, se degustan las colaciones en San Pedro Manrique y se bebe *zurracapote* en Yanguas. Y el Sábado de Gloria se queman *Judas* en Duruelo de la Sierra, Somaén, Iruecha o Villar del Río, entre otras localidades.

Museo Etnológico de Barca
✉ La Dehesa s/n.
☎ 975 304 014.
◉ Concertar visitas.

Centro de la Naturaleza
"Río Izana"
☎ 975 312 415.
🖥 www.matamaladealmazan.es
◉ Concertar visitas.

marqueses, en cuyo interior se conserva el segundo mayor órgano de toda la provincia, las ruinas de un **castillo** y dos **ermitas** de orígenes románicos, la de **San Sebastián** y la **de la Virgen de la Dehesa**.

En la vecina **Barca** hay **picota** e **iglesia** románica, del siglo XII, con pórtico de cinco arcos con columnas de doble fuste, y también un **Museo Etnológico** (en el que conviene concertar las visitas).

Y en **Matamala de Almazán,** al otro lado de la CL 116, abre sus puertas el **Centro de la Naturaleza "Río Izana",** con su **Museo de la Resina.** En sus instalaciones se muestra el proceso de extracción de este producto, principal fuente de riqueza del municipio. El centro organiza también talleres sobre micología. La sorpresa la depara la antigua instalación resinera de La Concepción y su jardín botánico, con unas monumentales secuoyas.

▌ALMAZÁN ✶✶

Plaza fortificada en una colina situada en la margen izquierda del Duero, Almazán ocupó un lugar preeminente en esa tupida red de atalayas de señales que protegían la frontera media musulmana y su cabecera, Medinaceli. Concluida la reconquista no llegó la paz a la villa, ya que fue punto de litigio entre los vecinos reinos de Aragón, Castilla y Navarra.

La prosperidad arribó, por el contrario, en tiempos de los Reyes Católicos, bonanza que duraría hasta bien entrado el siglo XIX. De todo ello conserva un rico legado monumental que hila cualquier paseo por sus calles.

Población amurallada, la cremallera medieval comienza en la **puerta de la Villa,** flanqueada por dos elegantes torres cilíndricas, y continúa por el lienzo de la calle de San Román, el postigo de Santa María, la puerta de los Herreros –guarnecida con sólidos cubos–, el bello camino del Cinto, la puerta del Mercado –la más esbelta y distinguida–, el torreón cilíndrico orlado de matacanes que se conoce como rollo de las Monjas, y concluye, por La Ronda, en el mirador de San Miguel. En 2019 se inauguró cerca del postigo de Santa María un Centro de interpretación de la Muralla y la reciente rehabilitación de la puerta del Mercado ha sido la guinda que pone en valor el recinto fortificado.

La **Plaza Mayor,** asoportalada en dos de sus laterales y con doble planta de miradores y balcones, atesora en sus otros vértices los dos edificios más notables de la villa: el **palacio de Hurtado de Mendoza** y la iglesia de San Miguel. El palacio, pro-

Oficina de Turismo de Almazán
- ✉ Palacio Hurtado de Mendoza. Plaza Mayor, s/n.
- ☎ 975 310 502.
- 🌐 www.almazan.es
- 🕐 Abierta todo el año (excepto martes).

▼ Exterior del palacio de Hurtado de Mendoza de Almazán que mira a orillas del río Duero, e interior del mismo.

piedad de la familia Martínez de Azagra, conserva en el lateral una elegante galería de luces de estilo isabelino con soberbias vistas al Duero. La fachada principal, renacentista, anticipa la riqueza del interior, propia de una hacienda que acogió en su casa a reyes y emperadores: aquí se alojaron Isabel y Fernando, Felipe II y Felipe III, y el príncipe Juan y Margarita de Austria, entre otros. No se salvó tampoco del saqueo napoleónico y actualmente acoge la oficina de turismo y el **Museo-Tríptico de Hans Memling** (siglo XV).

Frente al palacio se encuentra el **templo de San Miguel,** románico, Monumento Nacional desde 1931. Destacan las influencias lombardo-catalanas en el ábside y la linterna, de cuerpo octogonal, mientras que son mudéjares la cúpula y la decoración. A reseñar la asimetría de la cabecera de la iglesia, atribuida al emplazamiento.

Desde la plaza y por la calle de las Monjas, salpicada de nobles caserones, se llega hasta el **convento de las Clarisas,** construido en el siglo XVI. Otros edificios religiosos de interés son la **iglesia de Santa María de Calatañazor,** con destacado retablo romanista; la **iglesia de San Pedro,** barroca, con una valiosa talla de la Piedad; la **de San Vicente,** desacralizada; **Santa María del Campanario,** en la parte alta de la villa, y la **ermita de Jesús,** de planta octogonal, que alberga la imagen del Nazareno, patrono de Almazán.

Junto al río está el parque de la Alameda con su **Museo de Escultura al Aire Libre,** una exposición de escultura contemporánea.

HACIA MONTEAGUDO DE LAS VICARÍAS ✳

La CL 116 enfila hacia el sureste atravesando la planicie cerealista hasta **Morón de Almazán,** cuya **Plaza Mayor** es de las más bellas de la provincia, compendio del poder civil y eclesiástico en el siglo XVI. En lo más alto asoma la **iglesia de la Asunción,** gótica de transición con torre al estilo plateresco salmantino. En su interior se guarda el sepulcro de los Hurtado de Mendoza, un retablo mayor barroco y la talla románica de la Virgen de la Muela. Un escalón más abajo se sitúa el **palacio de los Hurtado de Mendoza,** renacentista, que alberga el **Museo Provincial del Traje Popular;** y a su lado el antiguo concejo, de la época de los Reyes Católicos, con su doble arquería y la torre del reloj rematada por una campana. En el centro del conjunto, un airoso rollo, también erigido bajo la férula de Isabel y Fernando.

Museo Provincial del Traje Popular

✉ Palacio de los Hurtado de Mendoza. Plaza Mayor, 1.
☎ 626 992 549 y 660 017 854.
🖥 www.museotrajepopular soriano.es
🕐 Abre de Semana Santa a diciembre. Hasta junio, sábado de 11 h a 14.30 h y de 16.30 a 20 h; domingo y festivos, de 11 h a 14.30 h. Los meses de julio, agosto y septiembre, de martes a sábado de 11 h a 14.30 h y de 16.30 a 20 h; domingo y festivos, de 11 h a 14.30 h. Octubre, noviembre y diciembre, sábado de 11 h a 14.30 h y de 16.30 a 20 h; domingo y festivos, de 11 h a 14.30 h.
💰 2 €.

Entre Morón de Almazán y Monteagudo, por **Alentisque** y **Valtueña,** discurren las llamadas Tierras de la Recompensa, llamadas así por la merced real concedida a cambio de lealtades y servicios prestados, y las Tierras de las Vicarías, en memoria de similares prestaciones al poder eclesiástico.

Monteagudo de las Vicarías está situado en la misma muga provincial con Zaragoza y fue lugar de encuentro para los monarcas castellanos y aragoneses. Conserva una preciosa estampa medieval que se acrecienta a orillas del río Nágima. Al casco antiguo, amurallado, se accede por la **puerta de la Villa** –o Puerta Sur– la única de las tres que se conservan del perímetro medieval. En el ángulo sudoeste se alza el **castillo-palacio de la Recompensa,** mandado construir por la familia Hurtado de Mendoza en el siglo XV, de estilo gótico-renancentista. A su costado la **parroquial de Nuestra Señora de la Muela,** a la que se accede por un portal hispanoflamenco coronado por una arquería renancentista de estilo aragonés. En el interior conserva valiosas tablas y tallas y un destacado púlpito plateresco.

En los alrededores de Monteagudo se sitúa el **embalse** que represa las aguas **del Nágima,** un punto destacado para la observación de aves acuáticas.

Y siguiendo la CL 116 hacia la autovía A 2 se llega a otro escenario de película: lo conforman las **ruinas del castillo de la Raya,** también conocido como torre de Martín González y, a sus pies, la **ermita de Nuestra Señora de la Torre,** templo del que se cuenta que la línea fronteriza entre Castilla y Aragón lo atravesaba.

Museo Etnológico
- ✉ Ctra de Gómara s/n. Monteagudo de las Vicarías.
- ☎ 975 325 032.
- 🌐 www.monteagudode lasvicarias.es
- 🕐 Concertar visitas.

▼ Vista de Monteagudo de las Vicarias.

Tierra de Medinaceli.
Mirando hacia Aragón

En una provincia tributaria del Duero, la comarca de Medinaceli se hermana con el Jalón, afluente del Ebro, y cincela la frontera más meridional de Soria, un territorio plagado de sorpresas paisajísticas que conserva uno de los yacimientos del Paleolítico Inferior peninsular más interesantes.

El Alto Jalón es el territorio soriano más al sur, una abrupta comarca que corre a fundirse, por el este, con la vecina Aragón. Son 85 km los que separan Soria capital de su frontera meridional por la moderna A 15. Desde Madrid, por la A 2, hay que tomar la salida 141, que conduce a **Esteras de Medinaceli,** localidad en la que nace el río Jalón. La fuente del río se sitúa a la izquierda del trazado de la vieja Nacional II, en el lateral de un hotelito de carretera. No es lugar para la épica. Luego se puede pasear hasta la **iglesia de la Expectación de Nuestra Señora** o tomar la carretera que lleva a **Benamira,** otro recoleto pueblo en el que se ha habilitado un sendero fluvial, el **paseo del Ojuelo.**

▼ Vista de Medinaceli.

| MEDINACELI ✱✱

Medinaceli, aupada sobre un alcor, es la siguiente parada. A sus pies las **salinas,** cuyos esteros ya funcionaban en tiempos de Alfonso X, y el barrio de San Juan, que ejerce como área de servicio de la A 2. En el cerro, desde el que se dominan con amplitud los valles del Jalón y del Arbujuelo, los celtiberos fundaron la primitiva *Ocilis.* De la época romana quedan, además del vistoso **arco,** único en España por sus tres arcadas, varios mosaicos, como los que hay en la plaza de San Pedro y en el interior del palacio ducal (trasladado desde su emplazamiento original, en la calle San Gil).

Los árabes recuperaron y reforzaron la vieja **muralla,** también romana, y convirtieron a la ahora *Medinat Selim* en capital de la temida Marca Media. De esta época se conservan restos de los siglos X al XII, como el **castillo** (hoy cementerio municipal), la *nevera* o **pozo de nieve** y la llamada **puerta Árabe,** erigida por tropas cristianas tras la conquista del enclave por parte de Alfonso I el Batallador.

En la **Plaza Mayor,** porticada y de recio sabor castellano viejo, destacan la **alhóndiga** y el **palacio Ducal,** del siglo XVI, que funciona como **sala de exposiciones temporales.** Hay en la plaza, también,

Oficina de Turismo de Medinaceli
✉ Campo de San Nicolás, 13.
☎ 975 326 347.
🖰 www.medinaceli.es
🕐 Abierta todo el año: lunes, martes, viernes, sábado y domingo de 10 h a 20 h; miércoles y jueves, de 11 h a 18 h.

Aula Arqueológica
✉ Plaza Mayor, s/n.
☎ 619 305 975 y 646 965 994.
🕐 Abierta de 9 h a 21 h.
🖰 Entrada gratuita.

Museo de Arte Sacro
✉ Colegiata de Ntra. Sra. de la Asunción. Plaza de la Colegiata, s/n.
☎ 975 326 110.

▲ Arco romano de Medinaceli.

Yacimiento-Museo de Ambrona

✉ Ctra. Nacional II, km 146,2. Ramal al N.O. Torralba. Miño de Medinaceli.

☎ 975 221 397.

🕐 De octubre a marzo, de miércoles a sábado, de 10 h a 14 h y 16 h a 18 h.
De abril a septiembre, de miércoles a sábado, de 10 h a 14 h y 16 h a 20 h.
Todo el año, domingo y festivos de 10 h a 14 h.
Cerrado lunes y martes.

un **Aula Arqueológica,** y a dos pasos se sitúa la esbelta torre de la **colegiata de Nuestra Señora de la Asunción,** de estilo gótico tardío. En su interior impresionan la imagen de un Crucificado del siglo XVI y el retablo mayor, barroco. La colegiata tiene un pequeño museo de arte sacro.

Saciada la curiosidad histórica y cultural, Medinaceli es lugar para pasear y, desde luego, para disfrutar de las bondades de la buena mesa.

❙ EL YACIMIENTO DE AMBRONA ✳

En dirección noroeste, hacia los altos de Barahona, la SO 132 llega hasta **Miño de Medinaceli,** donde quedan los restos de una atalaya musulmana y varias tumbas antropomorfas de la Alta Edad Media, y a Ambrona.

En **Ambrona,** el **Museo Paleontológico** muestra –*in situ,* 1,5 km al sur de la población– los hallazgos del **yacimiento** del Paleolítico Inferior más importante de la Península Ibérica, con numerosos restos óseos fosilizados de mamíferos, entre los que destacan los de un tipo de elefante de hace 300.000 años, además de diversas piezas líticas. Parte de los hallazgos se encuentra en el Museo Numantino de Soria (pág. 31) y en el Museo Arqueológico Nacional (MAN) de Madrid.

Luego hay que seguir, pasando por **Yelo,** hasta **Romanillos de Medinaceli,** con su **iglesia** románica **de San Miguel,** y retroceder hasta la A 2 para tomar, por la salida 154, la vieja N II, en Lodares.

❙ EL CAÑÓN DEL JALÓN ✳

A partir de **Lodares** el itinerario es una reivindicación de las carreteras secundarias. Desviado el tráfico por la autovía, que sobrevuela el *cañón del Jalón,* el maltrecho asfalto de la nacional depara un tranquilo recorrido para el disfrute de los sentidos, a medida que se adentra en el profundo desfiladero por el que también discurre la antigua vía férrea.

Un primer desvío conduce a la recóndita **Velilla de Medinaceli.** A las afueras de su casco urbano se encuentra la *cascada de la Chorronera,* uno de los rincones más bellos y escondidos de toda Soria. Situada en el paraje de los Cañizares, por donde el cauce del río Blanco (uno de los principales afluentes del Jalón) salva el desnivel del terreno con un pronunciando salto de agua, el acceso no está señalizado, pero parte junto al camino que lleva a la vieja fábrica de luz, en dirección a **Urex.** No defrauda la visita, en especial en época primaveral. De nuevo en la antigua N II, la hoz se estrecha hasta desembocar,

El Sendero Ibérico Soriano

La gran vía senderista provincial, el GR 86, es un itinerario circular que recorre la geografía soriana con un total de 933 km, 39 etapas, 6 derivaciones, 6 variantes y 1 ramal, y longitudes comprendidas entre los 6 y los 27 km. Se ideó para comunicar antiguas vías pecuarias, caminos de la carretería, calzadas romanas y simples trochas vecinales, y rescatar así del olvido un patrimonio cultural e histórico de gran relevancia.

En el Alto Jalón el GR 86 cuenta con cuatro etapas: Medinaceli-Arbujuelo (de 8 km), Arbujuelo-Urex de Medinaceli-Layna (de 11 km), Layna-Judes-Iruecha (21 km) e Iruecha-Montuenga-Santa María de Huerta (de 23 km). Además existe una variante, la GR 86.4, Salinas-Velilla-Somaén-Sagides-Urex (de 25 km). En total un conjunto de senderos que atraviesa algunos de los bosques de sabina albar y encinas más desconocidos de Castilla y León: un paraíso para los amantes de la ornitología y las actividades al aire libre.

tras una cerrada curva y un túnel, en **Somaén.** Coronado por un **castillo** de origen musulmán que fue reconstruido en el siglo XVI por el primer conde de Medinaceli, Bernard de Béarn, el caserío se tiende apretujado entre el cauce del Jalón y los farallones rojizos. Somaén requiere una sosegada caminata entre sus solitarias y empinadas callejas.

Unos kilómetros más adelante, **Arcos de Jalón** conserva, en recuerdo de su extinta importancia ferroviaria, una locomotora Mikado cedida al pueblo por el Museo del Ferrocarril de Madrid. En la parte antigua de la villa se yergue la **fortaleza** del siglo XIV, que mantiene en pie la torre del homenaje. En su interior, el escudo blasonado de los Albornoz (Fernán Gómez de Albornoz fue señor de Arcos y tomó partido a favor de Enrique en la guerra de los Trastámara). San Isidro es patrón de la villa y su imagen se venera en la **parroquial de Nuestra Señora de la Asunción,** templo originario del siglo XVI con posteriores añadidos. Arcos es un pueblo grandote de gentes afables, aunque venido a menos: la emigración aquí hizo estragos.

Se continúa por la SO-P 3008 hasta Aguilar de Montuenga y, sobrepasado el tendido del AVE, se llega hasta **Chaorna,** en pleno *sabinar del Jalón.* Es un inmenso paisaje de soledades en el que aún se mantienen en pie algunas construcciones tradicionales de chozas y parideros con sus tejados de aliaga, únicos en toda la provincia. Chaorna sorprende por su grandeza en ruinas, coronado el caserío de piedra por otra **fortaleza** desmochada.

▲ Cascada de la Chorronera, en Velilla de Medinaceli. Etapa del sendero GR 86.

Más allá queda **Judes,** en cuyas inmediaciones se encuentra la única *laguna* de origen kárstico soriana. Y unos kilómetros más al este, **Iruecha,** donde se celebra, a mediados de agosto, la fiesta de La Soldadesca, declarada de Interés Turístico Regional.

Monasterio de Santa María de Huerta

✉ Monasterio, s/n.

☎ 975 327 002.

🔗 www.monasteriohuerta.org

🕐 De lunes a sábado, de 10 h a 13 h y 16 h a 18 h. Domingo y festivos, de 10 h a 11.15 h y de 16 h a 18 h. Miércoles cerrado.

💶 2,50 €.

EL MONASTERIO DE SANTA MARÍA DE HUERTA ✷✷

El recorrido concluye en **Santa María de Huerta,** lugar de paso al destierro del Cid y de acomodo de un **monasterio** cisterciense cuyos monjes se asentaron aquí en el año 1162 procedentes de la abadía francesa de Berdous.

La monumental estampa del cenobio, ejemplo de transición del románico al gótico, ejerce de foco para el viajero: a la iglesia, de portada románica y gran rosetón, se le adosa el claustro de los caballeros, la cilla, el comedor de conversos, la cocina gótica y el refectorio. El templo, construido al estilo de la orden –cruz latina, tres naves y un gran crucero–, tiene cabecera compuesta por cinco ábsides, donde se sitúa la capilla mayor barroca, sillería plateresca y el enlosado de azulejos de Talavera en el coro alto. A ambos lados del retablo mayor se hallan los sepulcros de los abades que hicieron grande el monasterio: Martín de Finojosa y Rodrigo Ximénez de Rada.

▼ Monasterio de Santa María de Huerta: claustro y púlpito del refectorio.

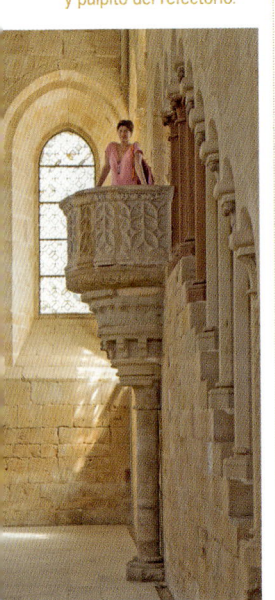

Campos de Gómara y Tierra de Ágreda.
A la sombra del Moncayo

Tendidas en el piedemonte del Moncayo, las comarcas de Ágreda y de los Campos de Gómara se sitúan en el extremo nororiental de la provincia, haciendo frontera con las comunidades vecinas de Aragón, Navarra y La Rioja. Historia, patrimonio y naturaleza.

DESDE SORIA HACIA EL ESTE

El itinerario que lleva desde Soria hasta las faldas occidentales del *Moncayo* arranca en el puente de piedra sobre el Duero en la capital soriana. Salvado el río, la N 234 gira a la derecha en dirección hacia la ermita de San Polo y luego asciende de manera continuada hasta encontrarse con la circunvalación SO 20. El nudo viario se resuelve en dos alternativas: una conduce hacia Calatayud (N 234) atravesando el Campo de Gómara por Almenar de Soria, y la otra se dirige hacia Ágreda. Proponemos seguir esta última: su recto trazado va dejando a un lado y otro un interesante ramal románico soriano en los templos de **Fuentesaúco,** con su espadaña en forma de frontón triangular sobre el ábside; **Tozalmoro,** del siglo XII, con la habitual decoración en los canecillos y una bonita portada, y Omeñaca.

LA RUTA DE LOS TORREONES ✳

Por **Omeñaca** discurría antaño el ramal castellano-aragonés del Camino de Santiago, que conectaba Gallur con San Esteban de Gormaz. Ubicado al pie de la sierra de la Pica, hoy en día por su término pasa el *Camino Antonino,* itinerario natural de 116 km que une Soria con Tudela, en Navarra, es decir, las cuencas del Duero y Ebro a través del curso del Queiles y la Vía XXVII, de *Augustóbriga* a Numancia.

La **iglesia de Nuestra Señora de la Concepción** conserva una vistosa galería porticada románica, la más oriental de toda la provincia, con siete arcos de medio punto: la tradición popular cuenta que se hicieron para que pasaran los Siete Infantes de Lara a oír misa antes de ir al combate. En sus capiteles, la habitual decoración simbólica y vegetal. Hay que fijarse, por último, en el caño de una fuente que hay junto al templo: es un bloque de arenisca que exhibe tallada una enigmática cabeza masculina de incierto origen.

▼ Capiteles de la iglesia de Omeñaca y timpano de la portada de la parroquial de Tozalmoro.

▲ Castillo de Almenar de Soria.

Desde Omeñana una alternativa es recorrer los 4 km de pista de tierra del Camino Antonino hasta el despoblado de **La Pica.** Aquí se mantiene en pie, dominando las casas despanzurradas, la **torre de los Salvadores,** una de las atalayas de vigilancia de la frontera que levantaron los pobladores del Campo del Araviana tras la toma de Ágreda por Sancho Garcés I de Navarra, hacia el 922.

El siguiente torreón fronterizo se encuentra al borde mismo de la N 122, en **Aldealpozo,** adosado al **templo de San Juan Bautista. Valdegeña** –7 km al norte por un desvío a la izquierda–, tiene otra **iglesia** románica, la **de San Lorenzo,** que ofrece una bonita balconada natural, a la que se asciende por 62 escalones y desde la que se aprecia el dilatado panorama de los Campos de Gómara.

Hay también torreón en **Hinojosa del Campo:** dos, en realidad. Uno árabe y otro cristiano, adosados ambos a la antigua **iglesia de San Andrés.** Destaca el dibujo con cantos rodados con que se adorna el suelo de su atrio, muy típico en esta comarca soriana. Y otro torreón más lo encontramos en el despoblado de **Masegoso,** a otros 7 km, en este caso al sur, desde Aldealpozo.

•••••••••
Ayuntamiento de Hinojosa del Campo
Real, 23.
975 187 349.
www.hinojosadelcampo.es

EL CAMPO DE GÓMARA ✳

El viajero se encuentra ya en el corazón del Campo de Gómara, tierra cerealista por extenuación y Zona de Especial Protección para las Aves donde reinan el águila real y el alcaraván.

Sinfonía nocturna de estrellas

A pesar de la amenaza cierta de los aerogeneradores, la provincia de Soria goza en gran parte de su extenso y apenas poblado territorio de unas magníficas condiciones medioambientales para la observación de los cielos estrellados, y este fascinante activo es el que se fomenta desde 2002 en el Observatorio Astronómico El Castillo, situado en la localidad de Borobia, a los pies de la vertiente soriana del Moncayo. El observatorio, un proyecto pionero en el astroturismo de nuestro país, fue el primero de estas características que empezó a funcionar y ha servido como ejemplo para otras iniciativas didácticas que se han ido poniendo en marcha en diversas comunidades autónomas. Pero no es la única actividad de observación del cielo estrellado nocturno con que cuenta la provincia: en Montejo de Tiermes se celebra en la segunda semana de septiembre, y desde 2006, *AstroTiermes,* un encuentro para los aficionados a la astronomía que incluye excursiones, talleres y observaciones nocturnas de uno de los cielos más diáfanos de Europa occidental. Y desde diciembre de 2017 la localidad de Muriel Viejo ha sido certificada como "Destino Turístico Starlight".

Desde Hinojosa, la SO 301, llega a **Pinilla del Campo,** donde se puede tomar el desvío que por **Esteras de Lubia** lleva a **Almenar de Soria** y a su soberbio **castillo,** levantado entre los siglos XV y XVI sobre una antigua torre musulmana. Entre sus muros se hospedaron Carlos II y Felipe V y, a finales del siglo XIX, aquí nació Leonor Izquierdo, la que fuera esposa de Antonio Machado. A día de hoy es de propiedad privada.

Tras los pasos de otro insigne poeta, Bécquer, se toma la CL 101 hasta **Noviercas,** localidad en la que el escritor se casó con Casta Esteban y pasó largas temporadas. En la Plaza Mayor los soportales de la casa consistorial acogen la **antigua picota jurisdiccional** desde la derogación que promulgaron, en 1815, las Cortes de Cádiz. En Noviercas hay también un robusto **torreón** de origen árabe –atestiguado por el arco de herradura de su entrada– y una **iglesia,** la **de los Santos Justo y Pastor,** de bonito atrio soportalado.

En el entorno merece la pena hacer varios desvíos. El primero conduce a **Borobia,** donde funciona desde hace años un **observatorio astronómico.** Otro lleva hasta **Ciria,** con su **castillo** roquero y su **lavadero,** rehabilitado. **Reznos** tienta también con el *barranco del río Carabán* y la **iglesia de San Andrés,** de estilos gótico y barroco. Y cerca de **La Quiñonería** se esconde otro despoblado con sabor medieval, **Peñalcazar,** aupado sobre una monumental loma pétrea. Finalmente, **Deza,** con sus dos

Observatorio Astronómico El Castillo
- El Castillo, s/n. Borobia.
- 676 726 045.
- www.ccborobia.com

AstroTiermes
- www.astrotiermes.es
- www.soriaestelar.com

Museo Antropológico de Ólvega
✉ Plaza de la Picota, 13.
☎ 976 645 561.

Centro de Interpretación de Augustóbriga
✉ Plaza de España, s/n.
Muro de Ágreda.
☎ 976 192 525.
🖰 www.augustobriga.es

Oficina de Turismo de Ágreda
✉ Plaza Mayor, 1.
☎ 976 192 714.
🖰 www.agreda.es
🕐 Abierta desde Semana Santa al 31 de diciembre, de miércoles a domingo de 10 h a 14 h y de 16 h a 19 h.

▼ Desde Cueva de Ágreda, un sendero de 7 km sube directo hasta la cumbre del Moncayo.

palacios y los vestigios arqueológicos de la Venta del Hambre y Valdecatalán.

Hacia el norte, de nuevo en la CL 101, el desvío es obligado hacia **Cueva de Ágreda,** desde donde se puede iniciar el ascenso al *Moncayo,* y **Beratón,** el pueblo más alto de la provincia, enclavado a 1.395 m.

ÓLVEGA

Ólvega es a día de hoy una pequeña ciudad cuyo pasado estuvo vinculado a la explotación de las minas de hierro de la sierra Almagrera. En su casco antiguo destacan la **iglesia** gótica **de Santa María la Mayor,** de finales del siglo XV, y varios templos del románico tardío. Cuenta también con un original **Museo Antropológico** debido al tesón de José Escribano Calvo, zapatero olvegueño que completó una colección con más de 7.000 miniaturas que representan objetos y herramientas de diversos oficios antiguos, así como réplicas de la arquitectura de la zona.

La SO 630 llega a **Muro de Ágreda:** un lienzo de murallas recuerda que fue fundada bajo el imperio de Octavio Augusto con el nombre de *Augustóbriga,* tal vez como campamento en la calzada de *Numantia* a *Caesaraugusta*. En Muro se conservan también las ruinas de un **castillo,** la **iglesia de San Pedro,** del siglo XIII, y un **torreón** de origen cristiano similar a los que jalonaban el comienzo de nuestra ruta.

Añavieja, con su iglesia románica y las patatas fritas que a día de hoy se identifican con los productos de calidad sorianos, es el último pueblo antes de llegar a Ágreda.

ÁGREDA ✱✱

Ubicada sobre la escarpadura de la hoz del Queiles, lugar donde se data un primitivo enclave celtibero, la villa de Ágreda conserva un excepcional conjunto histórico en el que se fusionan su pasado árabe y cristiano y la huella que le imprimió su carácter fronterizo entre los reinos de Castilla y Aragón.

El recorrido comienza en la Plaza Mayor, bajo cuyos cimientos discurre el Queiles soterrado. Aquí se encuentran el **Ayuntamiento,** un palacio del siglo XVI, renacentista y con galería superior de bellos arcos, en cuyos bajos se sitúa la Oficina de Turismo, y la **basílica de Nuestra Señora de los Milagros** (en la contigua plaza de la Virgen), en la que se venera una talla gótica de la Virgen Negra, del siglo XIV, patrona de la villa y titular de los 17 pueblos de su comarca. El templo tiene una sola nave, fachada clasicista flanqueada por dos torres gemelas y cabecera pentagonal. En el interior destacan la cúpula estrellada de la capilla del Carmen y varios retablos, como el mayor, barroco, o el del Santo Cristo de los Panes.

A la izquierda del templo, bajo la puerta de Santo Domingo, se encuentra la **antigua sinagoga** judía –ocupada actualmente por un restaurante– y nace la calle Vicente y Tutor, por la que se llega al rehabilitado **palacio de los Castejones,** del siglo XVII, cuya fábrica posee la grandeza y sobriedad de lo herreriano y diversos elementos de corte escurialense. El interior se organiza en torno a un patio central con arquerías de dos pisos comunicadas por una monumental escalera. Es posible visitar el antiguo **jardín renacentista del palacio,** recuperado para su disfrute.

Junto al palacio, superada la puerta de Felipe II, se extiende el viejo **barrio morisco,** el más antiguo de la villa. Aquí se mantiene en pie y en buen estado de conservación parte del paramento de la que fuera su **muralla.** También dos puertas: la conocida como **puerta Árabe Emiral** y la **puerta Árabe del Agua,** ambas con el tradicional arco de herradura.

Hay un **Centro de Interpretación** desde el que se disfruta una bella perspectiva de los huertos del Queiles, los molinos, tenerías y otros ingenios artesanos. Junto a la Puerta del Agua, pegada a un aljibe, están la modesta **ermita de Nuestra Señora de los Desamparados** y el **torreón de la Mota** o castillo de la Muela, de factura cristiana, construido en el siglo XV sobre la vieja alcazaba musulmana.

En la aljama medieval quedan por visitar la **iglesia de Nuestra Señora de la Peña** y la **de San Miguel.** La primera es la más antigua de Ágreda, románica con dos naves irregulares, y alberga un interesantísimo **Museo de Arte Sacro.** La segunda, del siglo XV, está situada en la despejada plaza del Mercadal y posee una bella torre románica almenada, varias capillas de ornamentación plateresca en el interior y un excelente retablo del llamado maestro de Ágreda.

Desde la plaza del Mercadal la ruta prosigue hasta el **convento de Sor María Jesús de Ágreda,** ya extramuros, donde se encuentra el sepulcro de su fundadora –María Coronel– monja, consejera real, asceta y mística. Se visita la iglesia ya que el museo conventual cerró tras la pandemia. El recorrido se completa en el **parque de la Dehesa,** con su **fuente Sulfurosa,** de cuyos caños mana un agua con propiedades tonificantes.

▲ Puerta del barrio morisco de Ágreda.

....

Centro de Interpretación de la Ciudad de Ágreda y el Territorio
- Mezquitas, s/n.
- 975 647 188.
- Julio, agosto y hasta el 10 de septiembre, de 10 a 19 h. Semana Santa consultar.
- Entrada gratuita.

....

Museo de Arte Sacro Iglesia de Nuestra Señora de la Peña
- 976 192 714.
- De mediados de julio a mediados de septiembre, de martes a domingo de 11 h a 13.30 h y de 17 a 20 h.
- Donativo.

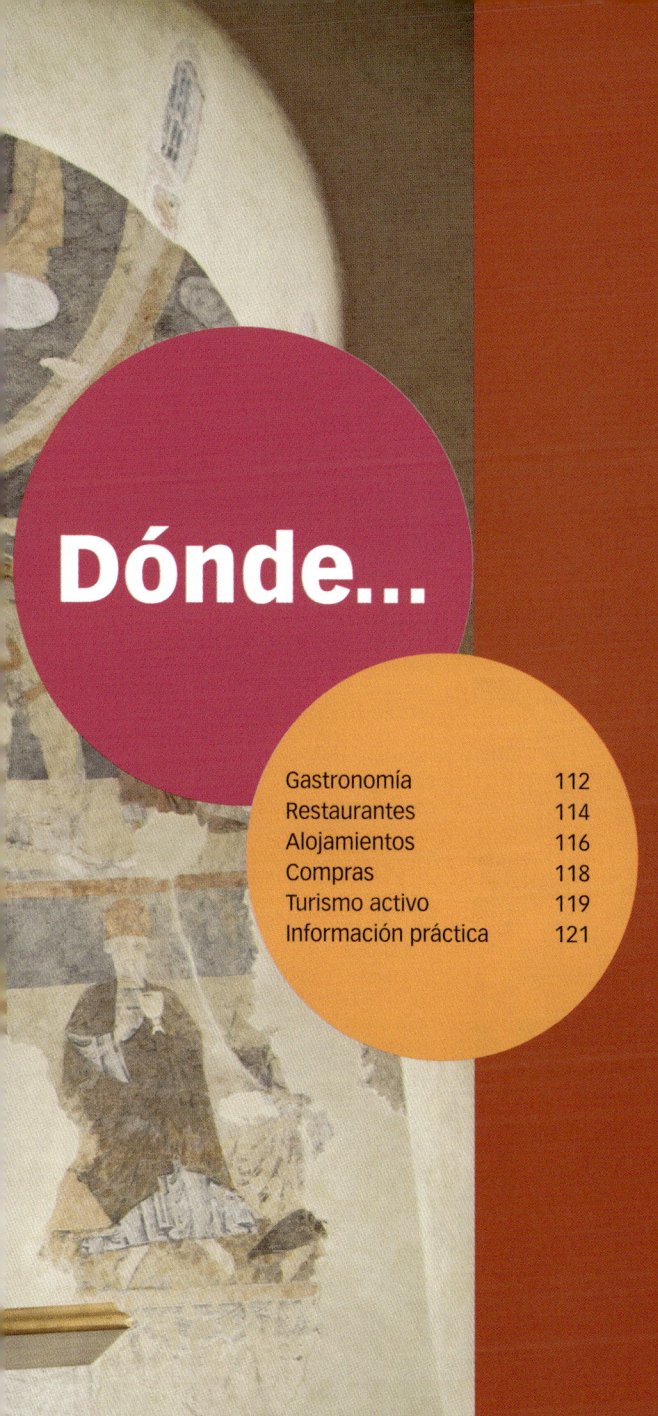

Dónde...

GASTRONOMÍA

Convertidas setas y hongos en productos *gourmet* que copan las cartas de los restaurantes, el recetario tradicional se surte de carnes, escabeches, legumbres y una excelente repostería, todo ello regado por los vinos de la la DO Ribera del Duero (▲ *pág. 90*).

▌Setas y hongos

La micología ha conquistado los fogones sorianos: jornadas gastronómicas, degustaciones y ferias fijan a día de hoy el calendario culinario. Los bosques de la provincia son prolíficos y la regulación, para garantizar una saludable explotación, no se ha hecho esperar. El otoño es la estación setera por excelencia: champiñón, hongo negro, *boletus edulis* o Miguel, rebozuelos, *boletus pinophilus*, níscalo, seta de cardo o capuchina son las protagonistas. Pero el resto de las estaciones también ofrecen su fruto: en invierno, marzuelos, negrillas y trufa negra (que se cultiva en explotaciones); en primavera, perrechicos, bonetes y colmenillas; y en verano, oronjas, *boletus* de roble y trufa de estío, completan una oferta a la que se han unido, con éxito, empresas transformadoras que garantizan el suministro durante todo el año.

▌Carne

Es la otra base indiscutible del recetario soriano: de cordero lechazo y de cerdo en las zonas cerealistas; de vaca en el Valle y Pinares, donde pervive una cabaña de raza serrana soriana que además de producir una carne sabrosísima (no hay que perdérsela encebollada) es la responsable, con su leche, de la deseada mantequilla de Soria, garantizada bajo su propia DOP.

La preparación del cordero –con 46 ganaderías incluidas en la IGP Lechazo de Castilla y León– adquiere en Soria el matiz que le aporta la finura extrema de las hierbas que se incorporan al barro de la cazuela o se esparcen sobre las brasas de los sarmientos. Son muy típicas las calderetas que se preparan en la comarca de Pinares –ajo carretero, con jarretes de cordero–, y la merinera –con cebolla, zanahorias, pimientos verdes, tomate y buen aderezo de orégano, clavo, pimentón, ajo y tomillo–. En la capital, por San Juan, se guisa con carne de toro, servida en cazuela de barro y cubierta de pimientos rojos. Caldereta es sinónimo de fiesta.

La matanza del cerdo es Fiesta de Interés Turístico Regional en El Burgo de Osma, donde desde 1974 tienen lugar unas jornadas durante los fines de semana de mediados de enero a mediados de abril. Otro de sus productos, la panceta adobada con sal y

pimentón, curada en secaderos tradicionales, cortada en tiras y frita, le ha dado una Marca de Garantía a Soria: la de sus torreznos o *torrenillos*.

La industria de elaboración de productos curados del cerdo se concentra en Ólvega y en San Pedro Manrique, aplicando aquel dicho de que "más conversos hizo el jamón que la Santa Inquisición". Al cerdo ni las fiestas populares le echan al olvido: el *Día del Chorizo* se celebra a principios de mayo en la campa de la ermita de la Virgen de Olmacedo en Ólvega. Y la *Feria del Chorizo Artesanal*, en Covaleda. Añada el viajero productos derivados del pato, carnes de corral y caza a un sabor culinario muy apegado al terruño: guisos de gallina, pollos de corral, pichones, conejos...

Escabeches y salazones

Los escabeches y salazones son otro de los componentes gastronómicos consustanciales a la gastronomía local. Permitieron, antaño, el acceso de muchos al consumo de carne y el único acercamiento generalizado posible a los pescados (salvo a las truchas, que ahora se crían en piscifactoría en las nacientes aguas del Queiles, junto al Moncayo). Los escabeches sorianos llevan, además, el plus de aromas y estabilizantes que le aportan las hierbas aromáticas propias. Entre ellos sobresalen los de pichón, perdiz, conejo o lengua de cerdo.

En salazones destacan el bacalao y el congrio, pescado que una vez seco se prepara con patatas y constituye otro de los platos con más tradición de la cocina local. Y los cangrejos de río, que se elaboran "a la soriana", cocidos y guisados en una salsa con aceite, cebolla y ajos fritos, tomate, guindilla y coñac; o, simplemente, fritos con ajo.

Fruta y hortalizas

Las explotaciones hortofrutícolas se concentran en la zona de Ágreda y El Burgo de Osma, donde se producen manzanas de alta gama. Mención aparte merece el cardo rojo de Ágreda, que se consume sobre todo en los menús navideños. Pero las huertas del Queiles, que miran hacia el Ebro, también producen borraja, rábanos, apio…

Quesos

La tradición pastoril encuentra representación en los quesos de oveja y cabra que se elaboran en Oncala. Quesos que van abriendo un engarce con las nuevas tendencias culinarias en sus variedades al *boletus edulis* y la trufa negra.

Pan y repostería

Además de para el pan candeal, la harina de trigo sirve de soporte a la afamada repostería soriana: tortas de huevo, de manteca y de chicharrones, tortas rojas, dormidas, roscones, anisadas, perronillas, sabadillos, mantecadas, rosquillas, tortos, rollo de Todos los Santos de Ágreda, sobados de El Burgo y sobadillos de San Leonardo, lagartos de Berlanga, pastas de limón y almendra o de piñones, torrijas u obispos y un largo etcétera de manufacturas dulces que sorprende tanto por su variedad como por la riqueza del vocabulario con que se la nombra. No hay que perderse las nueces con miel y queso, las yemas y paciencias de Almazán, natillas y flan de huevo y los turrones. Y, entre las bebidas dulces, el zurracapote (en las Tierras Altas) y la limonada (en la Ribera del Duero).

Legumbres

Son otro de los soportes básicos de la alimentación de los sorianos. Con sus variedades: las lentejas pastoriles se preparan fritas, con pan, aceite y ajo; los mejores garbanzos se cocinan con recetas de tiempo de Cuaresma. Y, para alubias, las de El Burgo de Osma (rojas, blancas, negrita y alubión).

Restaurantes

SORIA CAPITAL

Baluarte
- ✉ Caballeros, 14.
- ☎ 975 213 658.
- 🖰 www.baluarte.info
- 🍴 Precio medio: 72-89 €.

El chef Óscar J. García, galardonado con el premio al mejor cocinero de Castilla y León en 2013, ostenta una de las dos estrellas MIchelin de la provincia.

El Tilo de Vallecas
- ✉ Diputación, 1.
- ☎ 975 245 294.
- 🖰 www.eltilodevallecas. com
- 🍴 Precio medio: 70 €.

Alba de Pablos renueva y actualiza la cocina de su antecedente berlangués con nota alta. Abierto en junio de 2022.

Fogón del Salvador
- ✉ Plaza del Salvador, 1.
- ☎ 975 230 194.
- 🖰 www.fogonsalvador. com
- 🍴 Precio medio: 40 €.

De los platos del recetario tradicional, asados incluidos, a una cocina evolucionada que sorprende por sus delicadas propuestas.

La Casa del Guarda
- ✉ Carretera N 234, km 357. Monte Valonsadero.
- ☎ 975 180 677.
- 🖰 www.lacasadel guarda.es
- 🍴 Precio medio: 20 €.

En Valonsadero, cocina tradicional de la tierra sin florituras: su parrilla es la carta de presentación. Ofertan menús para todos los bolsillos. Ideal para comer y disfrutar en grupo.

La Cepa
- ✉ Medinaceli, 8.
- ☎ 975 213 845.
- 🖰 www.lacepa.com
- 🍴 Precio medio: 30 €.

Buena barra para tapear y coqueta sala donde probar cocina de mercado.

Mena
- ✉ Plaza Bernardo Robles, 5.
- ☎ 975 249 054.
- 🖰 https://mena restaurante.es
- 🍴 Precio medio: 30 €.

El otro local de Óscar J. García en la capital: la imaginación ajustada a raciones.

La Gastro Tasquita
- ✉ Condes de Soria, 1.
- ☎ 975 253 711.
- 🍴 Precio medio: 25-30 €.

Aires nuevos trae Mario Sanz al centro de la ciudad con este amplio local que ofrece cocina tradicional en tapas y raciones. No te pierdas sus "tendeeretes".

Santo Domingo II
- ✉ Plaza del Vergel, 1.
- ☎ 975 211 717.
- 🖰 www.santodomingo2. es
- 🍴 Precio medio: 35 €.

Buena presentación y trato de productos tradicionales. Escabechados, caza y setas.

PROVINCIA DE SORIA

Abejar

La Barrosa
- ✉ Soledad, 1.
- ☎ 609 137 525.
- 🍴 Precio medio: 32 €.

Restaurante del hotel del mismo nombre. Excelente oportunidad para disfrutar de la trufa negra soriana en excelentes preparaciones.

Ágreda

Doña Juana
- ✉ Ctra. Soria, 2.
- ☎ 976 647 217.
- 🖰 https://hotelagreda.com
- 🍴 Precio medio: 25 €.

En el hostal homónimo, cocina tradicional donde destacan sus elaboraciones con bacalao (con jornadas propias).

Almazán

Rincón del Nazareno
- ✉ Cuesta de Santiago, 3.
- ☎ 975 300 949.
- 🖰 www.rincondel nazareno.es
- 🍴 Precio medio: 30 €.

Cocina regional de temporada. Buena bodega y zona de asador.

Villa de Almazán
- ✉ Avda. de Soria, 29
- ☎ 975 300 611.
- 🖰 https://hotelvillade almazan.es
- 🍴 Precio medio: 35 €.

Amplio comedor para este restaurante que cuenta con el distintivo de "micológico". Cocina tradicional actualizada.

Arcos de Jalón

Numancia
- ✉ Gerardo Diego, 4.
- ☎ 975 320 079.
- 🖰 www.numancia hostal.com
- 🍴 Precio medio: 20 €.

Restaurante del hostal del mismo nombre. Cocina tradicional. Raciones abundantes y buen trato.

Berlanga de Duero

Ainoa
- ✉ Real, 2.
- ☎ 975 343 523.
- 🖰 www.hostal ainoa.com
- 🍴 Precio medio: 25-30 €.

Especialidades tradicionales, de las migas a los escabechados, somarro a la parrilla y postres caseros.

El Burgo de Osma

Virrey Palafox
- ✉ Universidad, 7.
- ☎ 975 340 222.
- 🖱 www.virreypalafox.com
- 🍴 Precio medio: 45 €.

Un clásico en la provincia, famoso por sus jornadas de la matanza. Cocina de mercado actualizada. Buenos mariscos y pescados.

Tinto y Leña
- ✉ Universidad, 21.
- ☎ 626 198 065.
- 🖱 www.restaurante-tintoyleña.com
- 🍴 Precio medio: 30 €.

Cocina regional con buen despliegue de carnes y pescados. Terraza.

La Dehesa de Osma
- ✉ Real, 92.
- ☎ 975 341 818.
- 🖱 www.ladehesa deosma.es
- 🍴 Precio medio: 35 €.

Amplia carta con cuidadas elaboraciones, junto a una buena selección de vinos. Menú del día entre semana.

Calatañazor

Sabinar
- ✉ Real, 39.
- ☎ 651 435 391.
- 🖱 www.restaurante sabinar.com
- 🍴 Precio medio: 35 €.

Gonzalo Sacristán está al frente de este sencillo local en el que se ofrecen recetas sorianas y buen producto.

Calatañazor
- ✉ Real, 10-12.
- ☎ 666 193 222.
- 🖱 www.calatanazor.com
- 🍴 Precio medio: 35 €.

El restaurante comandado por Mario de Miguel, con cocina mozárabe y tradicional.

Medinaceli

El Aljibe
- ✉ Campo de S. Nicolás, 11.
- ☎ 975 326 138.
- 🍴 Precio medio: 40 €.

Cocina castellana tradicional en un ambiente apacible.Una apuesta segura.

El Granero
- ✉ Yedra, 10.
- ☎ 975 326 189.
- 🍴 Precio medio: 40 €.

En un edificio del XVIII, este asador ofrece un contundente repaso al recetario tradicional castellano.

Montejo de Tiermes

La Venta de Tiermes
- ✉ Yacimiento arqueológico, s/n.
- ☎ 975 352 055.
- 🍴 Precio medio: 30 €.

Cocina con leña de estepa y encina, producto kilómetro cero y recetario tradicional.

Navaleno

La Lobita
- ✉ Avda. de la Constitución, 54.
- ☎ 975 374 368.
- 🖱 www.lalobita.es
- 🍴 Precio medio: 97 €.

Elena Lucas está al frente de la cocina del primer restaurante de Soria galardonado con una estrella Michelín. La acompaña en sala su marido, Diego Muñoz, sumillier. Cocina de mercado con toques de autor.

Ólvega

Mirador del Moncayo
- ✉ Doctor Salcedo, 28.
- ☎ 976 192 472.

Cocina tradicional.

Oncala

La Posada del Puerto
- ✉ La Solana, 4.
- ☎ 975 381 088.
- 🍴 Precio medio: 25 €.

Establecimiento vinculado al complejo de turismo rural San Millán, ofrece una carta basada en la cocina tradicional de las Tierras Altas. Contundente y sabrosa.

San Esteban de Gormaz

El Bomba
- ✉ Avenida Valladolid, 131.
- ☎ 975 350 059.
- 🍴 Precio medio: 35 €.

Cocina tradicional sin florituras. Buen servicio y trato.

San Pedro Manrique

El Condado del Motores
- ✉ Plaza La Cosa, 1 y 3.
- ☎ 975 381 008.
- 🍴 Precio medio: 25 €.

Torrezno de las Tierras Altas, chuletillas de cordero, bacalao rebozado.

Vinuesa

La Corte de los Pinares
- ✉ Laguna Negra, 1.
- ☎ 975 378 532.
- 🍴 Precio medio: 25 €.

Carta micológica, carnes a la brasa, pescados al horno y postres caseros.

Asador La Gallega
- ✉ Pío Baroja, s/n.
- ☎ 669 383 098.
- 🍴 Precio medio: 30 €.

Carnes a la brasa y cocina regional.

Yanguas

El Rimero de la Quintina
- ✉ Iglesia, 4.
- ☎ 625 485 874.

Precio medio: 15-20 €. Cocina tradicional y raciones abundantes en este hotel rural.

Alojamientos

SORIA CAPITAL

Parador de Soria**

- ✉ Fortún López, s/n. Parque del Castillo.
- ☎ 975 240 800.
- 🖥 www. parador.es
- 🛏 Habitación doble: desde 102 €.

Solo por su emplazamiento, en el cerro donde se contempla la ciudad y el Duero, ya merece la pena. Habitaciones amplias, luminosas y elegantes.

Hotel Alfonso VIII**

- ✉ Alfonso VIII, 10.
- ☎ 975 226 211.
- 🖥 www.hotelalfonso soria.com
- 🛏 Habitación doble: desde 85 €.

Junto al parque de la Alameda de Cervantes, uno de los clásicos de la capital. Dispone de 88 habitaciones.

Hotel Leonor Mirón**

- ✉ Paseo de Mirón s/n.
- ☎ 975 220 250.
- 🖥 www. hotelleonor miron.com
- 🛏 Habitación doble: desde 70 €.

Junto a la ermita de la Virgen del Mirón, en un entorno tranquilo. Dispone de 32 habitaciones, todas ellas exteriores, elegantes y acogedoras. Cierra enero y febrero.

Hotel Cortabitarte**

- ✉ El Collado, 6
- ☎ 975 245 252.
- 🖥 https://cortabitarte hotel.com
- 🛏 Habitación doble: desde 60 €.

A dos pasos de la Plaza Mayor, hotel de reciente apertura que cuenta con 51 habitaciones. Elegante y funcional.

Hotel Soria Plaza Mayor**

- ✉ Plaza Mayor, 10.
- ☎ 975 240 864.
- 🖥 www.hotelsoriaplaza mayor.com
- 🛏 Habitación doble: 74-86 €.

Al costado del Ayuntamiento: diez estancias dobles, elegantes y bien equipadas.

Hotel Castilla

- ✉ Claustrilla, 5.
- ☎ 975 231 245.
- 🖥 www.soriadormir.com
- 🛏 Habitación doble: 63 €

Céntrico, a un paso de El Collado y la plaza Herradores, este coqueto hotelito dispone de 8 habitaciones, todas exteriores. Confortable y acogedor.

Hostal Douris Temple

- ✉ Camino del Monte de las Ánimas, 7.
- ☎ 639 854 321.
- 🖥 www.douristemple.com
- 🛏 Habitación doble: desde 48 €.

Frente al Centro de Recepción El Fielato, coqueto establecimiento con solo 5 habitaciones. Rústico y acogedor.

Hotel Campos de Castilla**

- ✉ Real, 1.
- ☎ 975 226 600.
- 🖥 www.hotelcampos decastilla.com
- 🛏 Habitación doble: desde 50 €.

Buena ubicación en el extrarradio de la ciudad, con acceso a la carretera de Logroño. Habitaciones elegantes y funcionales.

Hotel Ábaster**

- ✉ Pl. Bernardo Robles, 5.
- ☎ 975 246 687.
- 🖥 www.hotelabaster.com
- 🛏 Habitación doble: desde 75 €.

Inaugurado en 2019 junto al nuevo mercado de abastos, coqueto y muy céntrico.

PROVINCIA DE SORIA

Ágreda

Hostal Doña Juana**

- ✉ Ctra. Soria, 2.
- ☎ 976 647 217.
- 🖥 www.hotelagreda.com
- 🛏 Habitación doble: desde 70 €.

Sencillo y bien situado. Con restaurante propio.

Almarza

Hotel rural El Morendal

- ✉ Carretera del Povar, 2.
- ☎ 646 198 287.
- 🖥 www.elmorendal.com
- 🛏 Habitación doble: 70-125 €.

Centro de turismo rural con 14 exclusivas habitaciones situado a tan solo 15 minutos en coche de Soria capital. Spa y restaurante propio.

Almazán

Hostal Rincón del Nazareno**

- ✉ Cuesta de Santiago, 3.
- ☎ 975 300 949.
- 🖥 www.elrincondel nazareno.es
- 🛏 Habitación doble: 70-80 €.

Doce habitaciones, modernas y funcionales. Céntrico.

Hotel Villa de Almazán**

- ✉ Avda. Soria, 29.
- ☎ 975 300 611.
- 🖥 www.hotelvilladе almazan.es
- 🛏 Habitación doble: desde 88 €.

A las afueras de la localidad, dispone de 39 habitaciones. Acogedor y clásico.

Arcos de Jalón

Hostal Numancia

- ✉ Gerardo Diego, 4.
- ☎ 975 320 079.
- 🖱 www.numancia hostal.com
- 🛏 Habitación doble: 60 €.

En el edificio de la antigua fonda *La Ferroviaria*, abierta en 1912. Ofrece 14 sencillas estancias.

Berlanga de Duero

Hotel Villa de Berlanga

- ✉ Plaza San Andrés, 3.
- ☎ 975 368 442.
- 🖱 www.hotelvillade berlanga.com
- 🛏 Habitación doble: 65-75 €.

En un edificio de comienzos del xx totalmente rehabilitado y ubicado frente a la colegiata, cuenta con 10 habitaciones: amplias, luminosas y apacibles.

Blocona

Hotel Rural Ana de las Tejas Azules

- ✉ Las Eras, 2.
- ☎ 975 182 317.
- 🖱 www.anadelastejas azules.com
- 🛏 Habitación doble: 67-105 €.

A diez minutos en coche de Medinaceli, en una rehabilitada casona. Tranquilidad, aire puro y 6 habitaciones donde reina el espíritu rural.

El Burgo de Osma

Hotel Castilla Termal Burgo de Osma****

- ✉ Universidad, 5.
- ☎ 975 341 419.
- 🖱 www.castillatermal.com
- 🛏 Habitación doble: desde 164 €.

En el rehabilitado edificio de la antigua universidad de Santa Catalina. Espacio termal y habitaciones bien equipadas.

Hotel II Virrey****

- ✉ Mayor, 2.
- ☎ 975 341 311.
- 🖱 www.virreypalafox.com
- 🛏 Habitación doble: 70-90 €.

Todo un clásico. Habitaciones con vistas a la Plaza Mayor. Elegante y confortable.

Hostal Mayor 71 **

- ✉ Pedro Soto, 4-6.
- ☎ 975 368 024.
- 🖱 www.mayor71.es
- 🛏 Habitación doble: 50-65 €.

Excelente relación calidad-precio en este céntrico establecimiento situado a medio camino entre la Plaza Mayor y la catedral burguense.

Carrascosa de Arriba

Hotel Termes

- ✉ Paraje Venta de Tiermes, s/n.
- ☎ 975 352 055.
- 🖱 www.hoteltermes.com
- 🛏 Habitación doble: 66-76 €.

Imitando la distribución de una antigua villa romana, el hotel cuenta con 12 habitaciones ordenadas en torno a un patio central. Junto al yacimiento arévaco.

Casillas de Berlanga

Hotel rural San Baudelio

- ✉ Barrio Arroyo, 10.
- ☎ 975 345 514.
- 🖱 www.sanbaudelio.com
- 🛏 Habitación doble: desde 40 €.

Seis de las nueve habitaciones se sitúan en la planta primera del edificio –ordenadas, rústicas

y fresquitas–, y el resto en la planta baja, donde comparten espacio con el salón común y, también, con el restaurante. Tranquilo y sencillo.

Covaleda

Posada Dos Aguas

- ✉ Avda. de los Arqueros, 4.
- ☎ 975 377 286.
- 🖱 www.posadados aguas.com
- 🛏 Habitación doble: 58-72 €.

Seis habitaciones para disfrutar de una escapada por la comarca de Pinares. Coqueto y elegante.

Garray

Hotel Rural El Denario

- ✉ Don Ramón Benito Arana, 20.
- ☎ 975 252 125.
- 🖱 www.eldenario.com
- 🛏 Habitación doble: 50 €.

Coqueto establecimiento con 10 habitaciones dobles en un edificio de piedra vista. Interior cálido y confortable. Restaurante propio.

Medinaceli

Hotel Medinasalim***

- ✉ Barranco, 15.
- ☎ 975 326 974.
- 🖱 www.hotelmedina salim.com
- 🛏 Habitación doble: 95-100 €.

Moderno, urbanita, con spa y jacuzzi. Buenas vistas.

Hostal Bavieca

- ✉ Campo de San Nicolás, 6.
- ☎ 975 326 106.
- 🖱 www.bavieca.net
- 🛏 Habitación doble: 63 €.

Hostal rural en edificio totalmente rehabilitado. Habitaciones cálidas y confortables.

Ólvega

Hotel Mirador del Moncayo**

- ✉ Dr. Salcedo, 28.
- ☎ 976 192 472.
- 🖥 https://aldahotels.es
- 🛏 Habitación doble: desde 65 €.

Excelentes vistas.

El Royo

La Casona de El Royo

- ✉ Calle del Medio, 32.
- ☎ 654 927 527.
- 🖥 www.casona deelroyo.com
- 🛏 Habitación doble: 50-55 €.

Zaguán carretero y cocina pinariega en esta rehabilitada casona del siglo XVIII con 8 habitaciones. Piedra, madera de pino, forja y mucha tranquilidad.

San Esteban de Gormaz

Hotel Rivera

- ✉ Avda. Valladolid, 131.
- ☎ 975 350 059.
- 🖥 www.hotelrivera.es
- 🛏 Habitación doble: desde 60 €.

Cuenta con 23 habitaciones y dos suites: moderno y confortable.

Valdeavellano de Tera

Teratermal***

- ✉ Real, 20.
- ☎ 606 415 829.
- 🖥 www.teratermal.com
- 🛏 Habitación doble: 120-210 €.

Hotelito cien por cien urbano: camas *king size*, luz a raudales, un pequeño *spa*, mobiliario de diseño, cocina sana y mucho *glamour*.

Vinuesa

Hostal La Corte de los Pinares***

- ✉ La Laguna Negra, 1.
- ☎ 975 378 532.
- 🛏 Habitación doble: desde 68 €.

Céntrico edificio de nueva planta totalmente equipado.

Yanguas

Hotel rural Los Cerezos de Yanguas**

- ✉ Pº de San Sebastián, 6.
- ☎ 975 391 536.
- 🖥 www.loscerezosde yanguas.com
- 🛏 Habitación doble: desde 56 €.

En el antiguo cuartel de la Guardia Civil. Estancias cálidas y acogedoras. Restaurante para alojados con cocina tradicional y platos más modernos.

▌ Compras

SORIA CAPITAL

El Colmadito de la calle Real

- ✉ Real, 38.
- ☎ 975 211 075.
- 🖥 https://elcolmadito delacallereal.es

Productos sorianos de calidad: embutidos, quesos, setas deshidratadas, pan de pueblo, etc.

Helados Pecado's

- ✉ El Collado, 18.
- ☎ 634 622 516.

Sucesores de los helados Fuentes, una institución en la capital.. Productos artesanos. Deliciosos.

Mantequerías York

- ✉ Pl. Mariano Granados, 3.
- ☎ 975 227 305.

Pastelería y repostería. Mantequilla de Soria. Quesos y embutidos. Un clásico en la ciudad.

La YaYa

- ✉ Almazán, 19.
- ☎ 618 833 163.

Comida para llevar. Otro proyecto de D. García Jorge.

Vinos Lázaro Pérez

- ✉ Pl. del Salvador, 5.
- ☎ 975 227 456.

Establecimiento centenario: vinos, licores y pan de Martialay.

Carnicería H. Giaquinta

- ✉ Cortes de Soria, 8.
- ☎ 975 225 701.
- 🖥 carnicasgiaquinta.es

Panceta adobada, chorizo de Aldehuela, salchicha de trufa soriana, lechazo con DO y ternera de Soria.

Papelería Las Heras

- ✉ El Collado, 38.
- ☎ 975 211 447.
- 🖥 www.lasheras.net

Libros de temática soriana: historia, arte, senderismo.

PROVINCIA DE SORIA

Ágreda

Quesería Rocío Alayeto

- ✉ Pol. Ind. Valdemiés, I, parcela 32.
- ☎ 976 647 164.
- 🖥 https://queseriarocio alayeto.es

Quesos artesanos con leche de oveja de rebaño propio.

Panadería Aurora Gallego

- ✉ Av. Virgen de los Milagros, 9.
- ☎ 976 197 233.
- 🖥 panaderiaaurora gallego.es

Repostería artesana y costrada (por encargo).

Almazán

Confitería Almarza

✉ Arco de la Villa, 4.
☎ 975 300 121.
🖥 www.confiteria
almarza.com
Yemas, paciencias, mantecadas, bizcochos, pastas de coco y de té, rosquillos, costradas y turrones.

Añavieja

AñaMiel Solidaria

☎ 676 747 608.
🖥 http://mielsolidaria.
blogspot.com/
Mª Carmen y José Manuel tienen aquí su apiario y dedican los beneficios de la venta de miel a un proyecto solidario en Ecuador.

Artesanas Añavieja

✉ Ctra. de Añavieja, km 0,3 (Muro de Ágreda).
☎ 976 190 080.
🖥 www.anavieja.com
Sus patatas fritas, normales y de agricultura biológica, generan adeptos.

El Burgo de Osma

Angelines Productos Típicos

✉ Mayor, 33.
☎ 975 360 018.
Carnes, vinos, mermeladas y setas deshidratadas.

El Beato

✉ San José Obrero, 3.
☎ 677 431 247.
Bizcocho de chocolate con arándanos, *tetillas* de monja, besitos de ángel, pastas artesanas...

Molinos de Razón

Marta Arribas Calvo
✉ San José, 10.
☎ 686 122 193.
Cerámica y alfarería.

Oncala

Queserías Puerto de Oncala

✉ Barrio de Arriba, s/n.
☎ 975 381 268.
🖥 www.quesoncala.com
Quesos artesanos elaborados con leche de oveja cruda de su propia ganadería. Queso de oveja con trufa negra o *boletus edulis*.

San Esteban de Gormaz

Panadería A. Miranda

✉ Plaza de San Esteban, 23.
☎ 975 350 011.
Horno de leña, harinados de uva y tortas de aceite.

San Pedro Manrique

Embutidos La Hoguera

✉ Carrera Mediana, 9.
☎ 975 398 000.

🖥 https://lahoguera.es
Jamón curado, chorizo de la tierra y carnes locales.

Santa María de Huerta

Carnicería Laura Montón

✉ San Bernardo, s/n.
☎ 975 327 111.
Cordero, jamones caseros, embutidos.

Tienda del monasterio

✉ Santa María de Huerta.
☎ 975 327 002.
🖥 https://
monasteriohuerta.org
Miel de romero y brezo envasada por los monjes del monasterio. Membrillo y mermeladas artesanas.

Sotillo del Rincón

Gómez Zardoya

✉ Cebollera, s/n.
☎ 975 273 132.
🖥 www.gomez-
zardoya.com
Venta de miel y de embutidos tradicionales de la zona.

Embutidos Valle del Razón

✉ El Soto, 2.
☎ 975 273 137.
Embutidos, jamones, jalea real, cera estampada, polen y miel.

▮ Turismo activo

Berlanga de Duero

Musgo y Liquen Aventuras

✉ Ntra. Sra. de las Torres, 2.
☎ 645 190 537.
🖥 www.musgoyliquen.es
Senderismo y bicicleta, Paintball, ornitología y micología.

Garray

Cuadra Antares

✉ Paraje El Real. N 111 (ctra. de Logroño).
☎ 609 759 764.
🖥 www.cuadra-antares.
com
Rutas a caballo, equitación y alquiler de boxes.

Golmayo

Centro Ecuestre El Robledal

✉ Cno. de la Verguilla, s/n.
☎ 699 861 509.
🖥 Facebook:
Centro-Ecuestre-El-
Robledal
Equitación, doma y pupilaje.

Morón de Almazán

Golf La Dehesa de Morón
- ✉ Cno. de la Dehesa, s/n.
- ☎ 975 306 075.
- 🖰 golfladehesademoron. com

Muriel de la Fuente

Aerotours
- ✉ Camino Viejo de Burgos, 35 (Madrid).
- ☎ 91 381 77 64.
- 🖰 www.aerotours.com
Vuelos en globo.

Navaleno

Soriaventura
- ✉ Parque de Cuerdas El Amogable.
- ☎ 975 044 117.
- 🖰 www.soriaventura. com
Circuitos para adultos y para personas con movilidad reducida y otro infantil. Alquilan bicicletas y organizan recorridos de senderismo, bicicleta de montaña, visitas guiadas a la cueva de La Galiana, escalada, recorridos micológicos, etc.

Pedrajas

Club de Golf Soria
- ✉ Camino Pedrajas a Oteruelos, s/n.
- ☎ 697 940 202.
- 🖰 www.golfsoria.com

Rioseco de Soria

Club de Golf La Cerrada
- ✉ Las Eras, 11.
- ☎ 975 365 936.
- 🖰 www.quintanares.es

San Leonardo de Yagüe

Navagrullas Club de Golf
- ✉ El Sol, 10.
- ☎ 975 376 322.

Soria

Numancia Kayak. Escuela Soriana de Piragüismo
- ✉ S. Domingo de Silos, 8.
- ☎ 975 231 326/608 830 051.
Rutas en kayak por el Duero (entre abril y octubre).

Anillo Celtibérico
- ✉ Eduardo Saavedra, 38.
- ☎ 608 154 332
- 🖰 anilloceltiberico.com

Recorrido en BTT por la Sierra Cebollera y el macizo de Urbión.

Torrearévalo

El Acebarillo
- ✉ Collado, 3.
- ☎ 634 473 866.
- 🖰 www.elacebarillo.com
Rutas interpretativas por el acebal de Garagüeta.

Vinuesa

VinuesAventura
- ✉ Ctra. Lag. Negra, km 2,6.
- ☎ 628 463 200.
- 🖰 vinuesaventura.com
Parque acrobático forestal con 16 tirolinas y un circuito de 850 m de largo.

Yanguas

Sendas Vivas
- ✉ Ctra. Diustes, s/n.
- ☎ 652 242 689.
- 🖰 www.sendasvivas. com
Recorridos por la comarca de las Tierras Altas con todoterreno, senderismo, actividades de orientación, rutas culturales y paintball.

Información práctica

CALENDARIO DE FIESTAS

▌Enero

Intercambio del Arca. Almarza (6 de enero). Los ayuntamientos de Almarza y de San Andrés se hacen entrega simbólica de la custodia del arca que contiene la llave que cerró el conflicto sangriento sobre los derechos de pasto de las vacas de ambos pueblos en la dehesa boyal.

San Ildefonso. Casarejos (23 y 24 de enero). Una oportunidad para disfrutar de las ancestrales danzas de *paloteos* que conserva la tradición popular soriana.

▌Febrero

Las Candelas y San Blas. San Leonardo (2 y 3 de febrero). La parte más significativa de estas fiestas del santoral católico son las danzas de *paloteo*, de origen celtíbero. Se bailan en la ermita y en el ábside de la iglesia, el día 2 y el día 3 después de la misa de ministros y el sermón. Ocho danzantes con pertrechos de escudos, castañuelas, capa y palos y acompañados de estandarte blanco y morado, chirimías y tamboriles, cumplimentan los pasos de danzas guerreras de extraños textos y títulos: galanes, olivares, amusco, zarragones... El vino de San Blas se reparte el día 3 por la tarde en la plaza, escanciado de tres enormes cubas y servido en tazas de plata; se distribuye bacalao para contrarrestar.

La Barrosa de Abejar. Abejar (Martes de Carnaval). Esta fiesta tiene como protagonistas a los quintos del año. *La Barrosa* es una vaquilla (un armazón de madera engalanado con cintas de colores en cuya cabeza se dibuja la testa de un toro al que se le han añadido cuernos verdaderos), manejada por un mozo, el *barrosero*. La noche del Martes de Carnaval se disparan salvas para matar simbólicamente a la vaquilla, a la que luego se resucita antes de terminar con un baile de disfraces.

Jornadas de la matanza. El Burgo de Osma. Declaradas de Interés Turístico Nacional, estas jornadas se extienden hasta el mes de abril, los fines de semana.

▌Marzo-abril

Semana Santa (▲ *pág. 96*).

▌Mayo

La Pingada del Mayo. Molinos de Duero (1 de mayo). Se trata de un rito que se celebra en algunos pueblos de la comarca de Pinares y alrededores. Los mozos talan un ejemplar de pino albar de gran envergadura el último día de abril: es el *mayo*. Al

TRANSPORTES

▌Autobuses

Estación de autobuses de Soria

✉ Avda. de Valladolid, 40.

☎ 975 225 160.

🖥 www.estacionsoria.com

▌Ferrocarril

Estación de Soria-Cañuelo

✉ Ctra. Madrid, s/n.

☎ 91 232 03 20.

🖥 www.renfe.com

▌Taxis

Radio Taxi

✉ Plaza Ramón y Cajal, s/n.

☎ 975 239 090 (a partir de las 23 h funciona un único taxi de guardia).

🖥 www.taxisoria.es

▌Alquiler de automóviles

Europcar

✉ Ángel Terrel, 5.

☎ 975 211 019.

🖥 www.europcar.es

OFICINAS DE TURISMO

▌Soria capital

Oficina Municipal de Turismo
✉ Plaza Mariano Granados, 1.
☎ 975 222 764.
🖥 www.turismosoria.es

Centro de Recepción de Visitantes El Fielato
✉ Nuestra Señora del Puente, s/n.
☎ 975 211 492.
🖥 www.soria.es
🕐 Mayo, junio, de mediados de septiembre a 1 de noviembre: viernes de 16 h a 19 h; sábado de 10 h a 14 h y de 16 h a 19 h; domingo de 10 h a 14 h.
Semana Santa, julio, agosto y hasta mediados de septiembre: de martes a domingo de 10 h a 14 h y de 16 h a 20 h; lunes, cerrado.

Oficina de Turismo de la Junta de Castilla y León
✉ Medinaceli, 2.
☎ 975 212 052.
🖥 www.turismocastilla
yleon.com

día siguiente en la plaza del pueblo, y siguiendo las instrucciones de los más veteranos, el árbol se clava en un hoyo y se mantiene en pie, asegurado por cuñas de madera.

Romería de la Virgen de Olmacedo. Ólvega (10 de mayo). La fiesta mayor de Ólvega se celebra cada año el fin de semana de la Ascensión hasta el martes siguiente, día grande de la Virgen y patrona. Ese día se realiza una multitudinaria procesión desde la iglesia de Santa María la Mayor hasta la ermita de Olmacedo, a 2 km de la villa. Una vez aquí se realiza una subasta de regalos a la Virgen.

San Pascual Bailón. Almazán (17 y 18 de mayo). Declarada de Interés Turístico Regional y en honor del patrono de los pastores, el alma de la fiesta es un personaje llamado Zarrón, Zarrajón o Zarragón, que sale acompañando la procesión del santo mientras ocho parejas de danzantes bailan dándole la cara a la imagen. El atavío del *zarrón* es pastoril, de piel curtida y sombrero negro con plumas de rapaz y rabos de carnero, albarcas, polainas y una tralla terminada en una vejiga hinchada con la que reparte golpes a todo el que topa mientras el gentío, el *mayordomo* y los danzantes dan vueltas a la Plaza Mayor. La fiesta matinal concluye con el reparto de la *soparra,* una bebida preparada con vino, azúcar, canela y pan.

Romería Virgen de los Milagros. Ágreda (21 de mayo). Se celebra en el parque de la Dehesa, siendo la de mayor calado popular en el este de Soria y en las comunidades autónomas limítrofes.

Desencajonamiento. Soria (28 de mayo). El sábado anterior al *Lavalenguas* se celebra el primer festejo previo de las fiestas de San Juan con el traslado de los toros al monte de Valonsadero. Es, también, el primer día de los chiringuitos de peñas.

▌Junio

Artesanía y bolillos. Martialay (1 de junio). Encuentro nacional de encajeras de bolillos y muestra de productos artesanos.

Lavalenguas. **Soria** (primer o segundo sábado de junio). El evento festivo presanjuanero más multitudinario. Se celebra en el monte de Valonsadero, lugar en el que los toros se sortean entre las cuadrillas y luego se sueltan en Cañada Honda.

Las Móndidas y el Paso del Fuego. San Pedro Manrique (23 y 24 de junio). La capital de las Tierras Altas conserva una de las tradiciones más antiguas del ciclo festivo peninsular: el paso-purificación por el fuego, que los sampedranos llevan a cabo descalzos, a medianoche (▲ *pág. 67*).

San Juan y la Madre de Dios. Soria (del 29 de junio al 4 de julio) (▲ *pág. 38).*

Fiesta de la Trashumancia. Oncala y **Los Campos** (mediados de junio). Se celebra en años alternos en Los Campos y Oncala, de viernes a domingo (▲ *pág. 70).*

▌ Julio

Romería a la Ermita de la Blanca. Cabrejas del Pinar (tercer sábado de julio). Situada a 3 km de Cabrejas, el día de la romería acuden hasta aquí los llamados *Pueblos de la Concordia* (Talveila, Cubilla, Abejar, Muriel Viejo, Cubillos, Herrera y Muriel de la Fuente), localidades de las que hay prueba documentada que asistieron a la inauguración de la ermita el 12 de octubre de 1814.

▌ Agosto

La Pinochada. Vinuesa (16 de agosto). Durante las fiestas de Nuestra Señora de la Virgen del Pino y San Roque, del 14 al 18 de agosto, se conmemora la victoria de los habitantes del lugar frente a los de la vecina Covaleda en una disputa por lindes, merced a la intervención de las mujeres armadas con ramas de pino. Ese día las mujeres gozan de licencia para atizar rotundos golpes con ramas benditas de pino a todo varón que se les ponga por delante. El festejo incluye también el *Baile de los Hombres,* que escenifica la lucha de dos compañías de soldados, con sus oficiales, capitanes y alféreces y el ritual *Revoloteo de Banderas.*

San Roque y Asunción de la Virgen. Navaleno (14 al 18 de agosto). Durante los festejos se celebra la tradicional Fiesta de la Caridad, que se realiza en el paraje de la Fuente del Botón, en la que se reparte entre los asistentes la *caridad de San Roque:* carne de toro condimentada, pan y vino.

Mercado medieval. San Esteban de Gormaz (20 y 21 de agosto). Tradicional mercado medieval donde no faltan las habituales demostraciones de cetrería, torneos, malabares y artesanía.

La Trilla. Valloria (22 al 25 de agosto). Por San Bartolomé en este pequeño pueblo de las Tierras Altas se hacen demostraciones de trilla, lanzamiento de barra castellana y campeonatos de tirachinas.

La Soldadesca. Iruecha (20 de agosto). Declarada de Interés Turístico Regional en 1991, la única fiesta de Moros y Cristianos que se celebra en Castilla y León tiene lugar el penúltimo sábado de agosto en este pequeño pueblo del sur de la provincia. Los dos bandos contendientes se enfrentan en un duelo de versos seguido de una pelea de espadas que acaba, tras la intervención divina, con la derrota de los sarracenos y su conversión.

OFICINAS DE TURISMO

▌ Provincia de Soria

Ágreda
- ✉ Plaza Mayor, 1.
- ☎ 976 192 714.
- 🌐 www.agreda.es

Almazán
- ✉ Palacio Hurtado de Mendoza. Plaza Mayor, s/n.
- ☎ 975 310 502.
- 🌐 www.almazan.es

Berlanga de Duero
- ✉ Torre del Palacio. Plaza del Mercado, 7.
- ☎ 975 343 433.
- 🌐 www.berlangade duero.es

El Burgo de Osma
- ✉ Mayor, 4.
- ☎ 975 360 116.
- 🌐 www.burgode osma.com

Garray
- ✉ Ramón Benito Aceñas, s/n.
- ☎ 975 252 001.
- 🌐 www.garray.es

Medinaceli
- ✉ Campo de San Nicolás, 13.
- ☎ 975 326 347.
- 🌐 www.medinaceli.es

Ólvega
- ✉ Doctor Salcedo, 36.
- ☎ 604 402 197.
- 🌐 www.olvega.es

San Esteban de Gormaz
- ✉ Plaza del Frontón, s/n.
- ☎ 975 350 292.
- 🌐 www.sanesteban degpormaz.org

OFICINAS DE TURISMO

▌Provincia de Soria

San Leonardo de Yagüe
- ✉ San Pedro, s/n.
- ☎ 975 376 052.
- 🌐 www.sanleonardo deyague.es

Vinuesa
- ✉ Avda. Constitución, s/n.
- ☎ 975 378 170.
- 🌐 https://turismo. vinuesa.es

Yanguas
- ✉ Pl. de la Constitución, 1.
- ☎ 975 391 516.
- 🌐 www.yanguas.es

▌Septiembre

La Bajada de Jesús Nazareno. Almazán (primer domingo de septiembre). Fiesta de enorme solemnidad y exaltado fervor popular. La procesión del Nazareno discurre por la villa desde la iglesia del Campanario hasta su propia ermita entre el estallido de morteros, cohetes y tracas al irrumpir en la Plaza Mayor.

Santo Cristo de las Maravillas. Duruelo de la Sierra (14 al 17 de septiembre). Las fiestas patronales de la localidad incluyen bailes tradicionales, diana, caldereta popular, *pingada* del *mayo,* partidos de pelota y corte de troncos.

La Quema de los Diablillos. Ágreda (28 de septiembre). Se trata de una teatralización de la vida del arcángel San Miguel. Los tres *diablillos* –muñecos preparados para la ocasión– se cuelgan en la Plaza Mayor y, repletos de petardos, se queman a la vez que con ellos se van las envidias y rencores acumulados durante el año. La quema es el comienzo de las fiestas de San Miguel.

▌Octubre

San Saturio. Soria (del 1 al 5 de octubre). Las fiestas del santo patrón capitalino compilan un apretado programa donde no faltan los Gigantes y Cabezudos, la gaita o dulzaina, la banda municipal de música, la procesión con las reliquias del santo y las verbenas.

Mercado medieval. Soria (del 9 al 12 de octubre). El casco histórico de la capital se viste su traje medieval con el despliegue de 150 puestos tradicionales.

▌Noviembre

Festival de las Ánimas. Soria (del 27 de octubre al 2 de noviembre) (▲ *pág. 40).* **El Toro Júbilo. Medinaceli** (12 de noviembre). La Plaza Mayor de la villa ducal acoge esta polémica celebración taurina documentada desde mediados del siglo XVI.

▌Diciembre

Feria del Acebo. Oncala (5 y 6 de diciembre). La Feria del Acebo y del Adorno Navideño es el pistoletazo de salida de las fiestas navideñas e incluye talleres de elaboración de centros florales, paseos por el acebal de Oncala, degustaciones gastronómicas y un belén Viviente.

San Esteban. Navaleno (26 de diciembre). El ciclo festivo del invierno se inaugura en esta localidad pinariega con la tradicional procesión de San Esteban. Los vecinos, ataviados con sus sayas rojas y corpiños negros, bailan la jota en honor a la imagen. Después se encienden hogueras en cuyas brasas se asan viandas y se bebe vino servido en copas de plata.

Índice de lugares

SORIA CAPITAL

PROVINCIA DE SORIA